献给我的父亲

信息与理想

穆向阳 著

东南大学出版社
SOUTHEAST UNIVERSITY PRESS
·南京·

图书在版编目(CIP)数据

信息与理想 / 穆向阳著. —南京:东南大学出版社,2020.12

ISBN 978-7-5641-9337-9

Ⅰ.①信⋯ Ⅱ.①穆⋯ Ⅲ.①信息论 Ⅳ.①G201

中国版本图书馆 CIP 数据核字(2020)第 266709 号

信息与理想　Xinxi Yu Lixiang

著　　者	穆向阳
出版发行	东南大学出版社
出 版 人	江建中
责任编辑	唐　允　李成思
社　　址	南京市四牌楼 2 号
邮　　编	210096
印　　刷	广东虎彩云印刷有限公司
开　　本	700 mm×1000 mm　1/16
印　　张	9
字　　数	171 千字
版　　次	2020 年 12 月第 1 版
印　　次	2020 年 12 月第 1 次印刷
书　　号	ISBN 978-7-5641-9337-9
定　　价	32.00 元

(本社图书若有印装质量问题,请直接与营销部联系。电话:025-83791830)

卷首诗

古老的琴弦上轻舞着甜美的音符
金色海岸的明媚阳光
以及那碧玉般的海浪
柔和了整个荒芜而孤独的世界
于是两个宇宙在和谐的节奏中
在交相辉映的奇迹中
合二为一

这是成就者和被成就者之间的诡秘协议
它嘲笑人类眼中偶然和必然的分界
它任由人类受着存在与非存在的折磨
它是冷酷的残忍的
但也是怜悯的慈悲的
它肯定了这些语言的意义
但同时也让它们一文不值

它爱我们
但又让我们饱尝苦痛
它不爱我们
却又让我们在某一瞬间
感到最真切的幸福与快乐

也许
快乐和痛苦本身都是荒诞的
也许
根本就不需要爱或不爱的解释
再也许
它和我们之间
原本就是同一的

有一种超越了一切形式的形式
它包容了有限与无限

既在边缘也在中心
它将意义和无意义之间的藩篱燃成灰烬
它让一切得以显现
也让一切归于虚无

令人沉思的黑色虚无中
世界仿佛空无一物
那位存在者如履薄冰般行走其间
仿佛追寻着西西弗斯的脚步
清冷而孤独
但就在这样被人们理解为绝望的时刻
风姿绰约的爱神悄然降临

于是
蔚蓝的天空开始展现
洁白的云朵点缀其间
生机勃勃的绿色大地浮现脚底
微风中泥草的芬芳
赋予了生命最曼妙的气息

他疲惫了
就在这和煦的阳光中
获得最恬适的安宁
他安然入睡
五彩斑斓的梦
唤醒了内心深处最真实的幸福与快乐
然而梦终究是梦
就在这平静与幸福之中
又被难以释怀的虚无
惊醒
……

前言 Preface

我再也无法安眠,虽然现在才凌晨三点左右,可登山者的脚步声和话语声已经把我吵醒。也许,更确切地说,我是被心中一直想着的那片浩瀚的星海所唤醒的。

北极星小分队终于再相聚,我们是按照原有的计划一起来到泰山的。昨夜,全体成员一起到达泰山山顶。眺望远方,城市的灯光在山脚下描绘出泰安市清晰的轮廓,而头顶上的璀璨星光一如既往地直指人们的心灵。我想,再找不到像我们头顶的星光那样,在平凡的生活中既极为常见又能够不断让人产生敬畏与遐想的存在了。酒饮欢愉,故友相聚,这所有的一切仍无法阻挡我内心想把头顶的星空嵌入到心灵深处的执念。

凌晨,也许我的确是被脑海里对星空的无限执着所唤醒的,想在泰山之巅看到前半夜仍沉默于地平线下的北斗七星,想在曼妙的星空之下把自己所学到的浅薄知识理顺一下,让它们自由地激发我的思维,也想体验、感悟并思考自身的真实存在。于是,我穿上外套,悄悄地走出旅馆的房门。夜色仍然深沉,三三两两的登山者正借助手电筒的微光努力前行,而我在一段睡眠之后已经精神饱满,便大步流星地走向瞻鲁台。这种感觉就像是去赴一场与宇宙深处的美妙而神秘的约会。

前方不远处有两条岔路,向左的那条通向玉皇顶,而另一条则直接通向瞻鲁台。一个管理员在此静候,提示每一位登山者左侧的路通向观日广场,但这条路我白天已经走过了,我执意要走那条通往瞻鲁台的路。管理员并没有阻拦,只是提示我一定要小心。这条路上除了我就没有其他旅客,这种感觉正是我想要的,有时候文字和语言在表达某种微妙的感觉时总是显得那样无能为力,正如此时,这种感觉我能真切地体会到,却又很难用文字表达。夜空如此澄净,星光仿佛也比前半夜明亮许多,猎户座一直在头顶的天空伴随着我。我静享这夜的孤独与宁静,沉迷于宇宙的浩瀚与深远。

人对星空的向往与痴迷,其所包含的原始情感已经跨越了无比悠远而漫长的岁月,它依然在我们每个人的脑海中留有难以磨灭的残余,它赋予我们本真的美好与浪漫。只是今天,也许我们并不认为这种美好与浪漫的感觉存在于心灵的无知与幻想之中了,而是它们应该存在于对世界的深刻理解以及对宇宙真实的无限憧憬之中。

瞻鲁台是一块表面比较平整的巨石,我平躺在这块巨石上独自欣赏这神秘而明晰的星空。猎户座、仙后座以及北斗七星仿佛在用一种独特的方式指引着我的思绪。这里没有任何限制,也没有任何约束,美丽的希腊神话、爱因斯坦的相对论,以及牛顿力学所揭示的月球运动规律等等涌入我的脑海。我任由思绪冲击着脑海,这种方式也许是我对自身存在的一种证明吧。

然而,这一切都不属于我,它们于我只不过是匆匆过客,正如我们也是这天地间的匆匆过客一样。不过就在这短暂却又无比真切的存在中,我们要寻找到更深刻的本质,这种深刻的内容是我们的,也是属于宇宙的。

启明星出现在了东方的天际,天空如油画般渐渐地开始从边缘处显露出来,星空不知不觉地被太阳的光芒所掩盖。小分队再次集合,我们便一起前往观日广场。我也收起了思绪,和大家一起欣赏泰山日出这场最辉煌壮丽的表演。每一次日出的美都是不一样的,而这次的泰山日出所展示的大自然的色彩与神奇是我从未见过的,完全不同于我在《信息与存在》那本书里所描绘的无人岛的海上日出,它的美让我对自然的伟大与神奇以及自身存在的幸运与美妙充满了难以言状的感恩与敬畏。

太阳升起来了,仿佛一下子把我拉回到现实。而此时,大自然又呈现出了另一番景象。人们继续游玩拍照,但对于我而言泰山呈现给我的最美时刻已经过去了,剩下的只是这次旅行的归途……

穆向阳

目录 Contents

上 篇

1 人的信息本质 …………………………………… 003
2 个体繁荣 ………………………………………… 011
3 萨特、他人 ……………………………………… 027
4 信息、他人 ……………………………………… 039
5 冰　山 …………………………………………… 049

下 篇

6 爱　情 …………………………………………… 061
7 历　史 …………………………………………… 071
8 社　会 …………………………………………… 082
9 生命的线团 ……………………………………… 096
10 霞光岛 …………………………………………… 101
后　记 ……………………………………………… 130
致　谢 ……………………………………………… 131
参考文献 …………………………………………… 132

上篇

1　人的信息本质

在上一本书《信息与存在》中,我已经表述过这样的看法:既然每个人的生命都是唯一的,那么每个人都有权而且有责任和义务去反思自己的存在。于是,无论"存在"这一主题初看上去是多么宏大高深,我们都应该去大胆地思考,因为这是一种对自我的深刻反思,一种对自身存在辩证解读的方式,而每一个人的反思都应该受到尊重。

每一次思考都是阳光将存在本质投射到个体的具体实在上所留下的影子,而我们可以借助这些独特角度的阴影组合慢慢地接近存在本身。尼采、海德格尔以及萨特等人都是这样,即使他们思维深刻、成就斐然,但仍然无法代替你我,我们就是我们,我们要做的是借用他们的认知,去反思自身的存在。

正是基于这样的想法,我才能鼓足勇气去探讨"存在"这样的主题,试图借用信息的光明对存在的本质进行投影,并为其他思考如是问题的人们提供一种新的思路。如果能够从尽量多的角度去记录雕像的影子,那么我们就可以通过这些不同角度影子的组合进行推理从而更好地接近雕像本身,并越来越清晰地勾勒出它的轮廓。现在我们所做的工作就是更好地接近这样的雕像本身,而这尊雕像就是"存在"。

我的上一本专著《信息与存在》中,将人的存在置于一种"荒芜"的境地,在那里人已经被抽空一切,只剩下人的框架,无数具体的或抽象的要素在这样的框架中按照某种奇妙的模式建立联系,而这些联系的结果就是人这种智慧生命的存在。在这样的一种视角下,人仿佛成了一种处在世界联系之海中的特有结构。在上一本书中,我曾经描绘了这样的世界,一种单纯的信息联系的世界,一片由各种联系构成的汪洋大海,而人就是这海洋中的最神奇的信息"旋涡"。

在这样的世界中，对人本质的分析与解读无须过多考虑身体，当然这并不意味着对身体本身重要性的否定。事实上，大脑中所有的信息都是通过身体器官获取的，身体赋予了人信息认识论结构的一些基本的动力结构、内部信息关联构建的风格与样式，所以身体状态在很大程度上决定了一个人的内在，甚至一个民族以及国家的精神。我在未出版的著作《时光与心灵》一书中已经给予了身体极高的尊重。但是身体是存在的基础而非存在的本质，它终将被存在本身所超越。身体仅仅提供了一个舞台、一个容器以及一种工具，它是基础但并非目的。如果把身体作为存在的本质，那么这里的讨论是没有太多意义的，暂时可以不去考虑。除此之外，我们还可以忽略如下一些非常复杂而有趣的概念：大脑、社会、爱、奉献等等，我们显然需要找寻更接近本质的概念，以此作为个体存在的结构。

　　在之前的两本书中我从信息的角度做了这样的探索，尝试把人存在的最基本结构分为三层：信息层、知识层和智慧层。窃以为这种结构不仅仅适用于人类，还适用于其他任何具有智能的生命形态。如果外星人真的存在，并且没有超过科幻电影里的想象，那么这个结构显然也适用于外星人，只不过不同智能生命在其中填充的内容不同罢了。借助这样的结构，我曾经用其解释人、动物、机器人三者之间的差别：人拥有三个层次的完整结构，而动物和机器人只拥有相对简化的结构，也正是这种信息存在结构上的差异，导致了人和动物以及机器人在存在本质上的根本不同。如果动物、机器人能够同人一样拥有饱满的三层结构，那么它们的信息存在结构在逻辑上就可以被赋予人类的情感与理想，它们便真正拥有成为人的潜能，不管它们的外表是什么样子。

　　三个层次所包含着的联系模式存在很大不同。信息层的联系零散、繁杂而直接，它把知识层和智慧层封装起来，构成人存在结构的最外层边界。它是人作为主体和外部客观世界联系的直接媒介，同时也是检验一切认知、知识的最根本依据。信息层中的大多数联系并不需要意识的参与，只有当主体真正遇到某些与其最根本的知识和观念相违背的信息时才可能引起另外两个层次的警觉。但是正如以前的著作所言，人的存在结构具有维持其整体性、统一性的巨大惯性，因而来自信息层的强烈刺激很可能会被有意欺骗或忽视，以保持个体整个认知体系的稳定性。人、动物、机器人都拥有信息层行为，这是显而易见的，因为信息层是基础，只要作为一个在环境中存在的系统，它就必须跟环境发生联系、进行信息的交互，所以任何生命形态都离不开信息层行为。这也就意味着，信息层行为并不能成为人与其他生命形态之间的本质差别,即便人的信息层行为与动物以及机器人之间仍有很大区别。

如果生命形态的行为模式只停留在信息层,那么它本质上更接近于自然物的存在。就单个个体而言,不管其结构是多么的复杂,比如病毒、细菌之类的微生物等一些低等生物,毋宁说其根本上就是一台机器。

人类本身在其漫长的几百万年的进化过程中也主要处于信息层行为主导的生命形态,不过区别于其他动物形态的是,人类在漫长的进化过程中其认知结构发生了本质性的变化——幸运地产生了知识层。知识层本身一方面所体现的是人在处理纷繁杂乱的联系时已经具有的主体性意识,另一方面也意味着人类大脑无论在横向还是纵向上都可以以"云"方式运作的基础条件已经具备。于是,人不再是一个单独面对自然界的个体,人在处理自身与世界的关系时原则上可以调用整个人类的认知。

知识层是位于信息层和智慧层之间的中间层,向下是对信息层的高度总结和概括,它在纷繁复杂的信息层中寻找基本的结构和规律,从而使智慧层在一定程度上能够把握信息层,形成整体世界的统一印象,不至于迷失在变幻莫测的信息汪洋之中。向上它能够为智慧层提供经过认真反思的建构材料,从而能够让智慧层构建在一个更为坚实可靠的基础上。从某种意义上说,知识层是区别人与动物的存在状态的本质内容,但是知识层并不能作为人类存在的本质,它只是深化了人对世界及自身的认识,它是中介与渠道,借助它人能够更好地走向自己。

智慧层包含了人的认知过程和行动所依据的最根本的指令,它是由本能和信念构成的混合物,它包含了人活动的内在动力,承接着生命的价值和意义。它通过建立自身与自身的关系,将外部世界和内部世界意义化,从而产生向内和向外两套价值体系,依照这样的价值体系,人才会具有两种生活的价值内涵。智慧层建立的这种内秉性指向产生了存在的自我感知,并且这种内部循环的自我指向越是有意识的、明确的,那么生命本身越是能够更深刻地认识自我。

人对自身存在的感知必然依赖于这种指向自我的联系,这种联系是智慧层存在的最奇特之处,通过这种联系,人可以将自己从外界的复杂牵绊之中抽离出来,感觉到自身作为主体的存在。智慧层总是在有意无意地进行这种不断指向自我的联系,它不断地把自身作为一个与外界区分的整体,并将联系指向自身。在这样延续不断指向自身的存在基础之上,才有了这样的一些概念:我、世界、他人等等。

人总是在有意无意间进行这种联系，这是人拥有自我意识的存在基础。大多数时候，这种指向自我的联系是无意识地自动进行着的，当人们被淹没在日常生活的琐碎中时，进行的大部分是无意识的自我指向的联系，在这样的状态中醉生梦死。而当人们在进行深刻的反省时，尤其是在对生活的意义和价值进行冷静的沉思时，其自身与外界的关系变得更加明确，进而能深刻地感觉到自身作为生命的存在。整个人生就是在这种有意识与无意识地进行自我指向的联系中度过的。人活着并不意味着一直以人的觉醒的方式存在，他时而堕落沉沦，时而超然绝世，连接两者的是人类强大的记忆力。但无论如何，自身存在的感知必然依赖于这种智慧层自我指向的联系结构，而且当这种联系越是有意识的、深刻的，这种自我存在的认知就越是明确的、深邃的。苏格拉底曾经说过："未经审视的生活是不值得过的。"在这个语境中，我们可以将其逆向解读为：只有有意识地建立智慧层并指向自身联系的生命才是真正意义上存在的。

如果没有智慧层的这种自我指向的联系结构，人的存在本身将沦为单纯的物质性的存在。人就是在智慧层与自身刚刚建立起联系的那一个短暂的瞬间才真切地感觉到自身的存在。人之所以能感觉到连续地活着，不仅依赖于其有意识地构建这种自我指向的联系，还需要对自身存在感觉的不加任何怀疑的记忆。对存在的智慧层联系建构与记忆力相互协作，让人感觉到自身延续的存在。

那么从中我们可以发现如下一些内容：首先，自我存在的感知是一种具有方向性的联系结构，它是逻辑上不可逆的对于存在的意识建构。智慧层把触角伸向外界，并在回指的过程中构建自身的存在领悟，只有在那个联系的闭环形成时自我存在的意识才如火花般闪现。如果将整个过程倒转，那么联系本身将毫无意义，存在的火花将会熄灭，成为毫无意义的杂乱联系。其次，自我存在的感知也是一种具有时间性的联系结构。它根本上被包括在时间的进程之中，它需要在时间的流逝中渐渐走向闭环，如果我们把这样的结构放在一个极短的时间内，以至于超出人脑处理信息的能力界限，那么这种结构将无法建立，也就是在极短的时间范畴内，人可以说并不存在。犹如科幻电影中，超能力者让时间静止，普通人便沦为一动不动、没有生命的模特。最后，外界事物的影响让这种联系结构变得极度复杂。这种自我指向的联系在最初的形成阶段是通过外界作为媒介建立起来的。外界环境作为存在结构的背景对存在结构的建立本身具有非常深刻的影响，将外界环境从这种联系结构中剥离开来十分困难。也许我们可以这样说，如果没有外界的环境，这种指向自我的存在结构是无法建立起来的。大部分存在的自我感知都或多或少地依赖背景,外界要素参与到自我指向结构的构建,所以对外界要素进行排斥与分离,才能够更好地把握自我。人出生在这样的与外界联系的混乱泥沼之中,所以这种自我指向的联系结构天生具有极大的复杂性,而外界要素的作用也让存在本身体现出一定的特殊性,呈现出不同的存在样态。

如果人对自身存在的觉醒式感知以及对自身与客观世界相互冲撞的最真实的觉察依赖于这样的信息结构,那么在某种意义上人的本质是信息的。只有在有意识地建立这种指向自我的联系时,人们才能够真正体会到自身的存在,存在才会向本身提供意义,诚如苏格拉底所言,否则未经审视的生活还有什么意义呢?

人存在的联系结构是在一定的时空背景中展开的,智慧层自我指向的结构意味着人们的存在感知必然是一维的、单向的。时光的流失中人们有意无意地组织着这种自我构建的联系回路,存在之间的间断由存储的记忆进行填补。人作为一种整体性的存在,需要智慧层那种本能性的收慑力将存在的直觉与记忆整合起来。从那恍如隔世般梦幻的童年开始,到每个人存在的当下,经历的一切都被放入整体的容器之中,我们知道童年已经远去,甚至对于现在的自己来说它已经变得陌生,但我知道它仍无可辩驳地属于我,仍被置于我整个内心成长的系列之中。智慧层的收慑力必须对我的整个记忆负责,以提供自我存在的整体性基础。

如果人的记忆力无法装下人生经历的那么多内容,如果人像金鱼一样仅仅拥有几秒钟的记忆力,也许这样的记忆容量无法满足建立智慧层自我指向的外部中介的基础,也就是说它削弱了智慧层自我指向的回路,人无法深刻地感觉到自己的存在,甚至可能感觉不到自身的存在。如果智慧层的收慑力无法作用到更广阔的信息范围,或者如果人的生命是无限的,那么人的存在将是什么样子呢?对于一个没有时间终点的旅程来说,收慑力永远都将无法完成对自身整体构建的统一,智慧层的闭环将被无限截断成无法回归的射线,于是不会死亡的存在将被永恒削弱殆尽,永恒仿佛和死寂联系在了一起,二者具有同样的意味。于是死亡本身却赋予活着以意义,死亡为存在提供了完整的结构。

死亡犹如一扇厚厚的黑色大门,它竖立在每一个人未来的终点,没有一丝光亮透过它,也没有一点声音从对面传过来,面对它每个人感到的只有无知和恐惧。但是它却能折射人世的光芒,它用一种特别的方式将人性、欲望以及美好的想象提炼出来,并展示给沉沦于繁杂生活的人们,于是人在某种意义上因为死亡而获得了自由。也正是死亡将智慧层的所有努力凝聚在一起,让智慧层的存在联系结构变得深沉而完整。

最近,我利用闲暇时间阅读《荣格自传》,对书中一段文字很有同感:

"在危机时期导致我误入歧途的,是我对孤独的热情,我对寂寞的嗜好。在我看来,大自然充满了奇迹,我又想浸渍进自然的奇迹之中。每一块石头、每一株植物、每一件东西都似乎栩栩如生,妙不可言。我浸入到自然之中,好像爬入自然的精髓之中,脱离开整个人类世界。"

我并不像中学时代的荣格那样嗜好孤独与寂寞,内心深处甚至很害怕孤独。然而,我非常喜欢独处,即使在现在这样的年纪也是如此。虽然这样的性格在某种意义上说对我也是一种"误入歧途"的诱导,但我知道在这样的独处中我能体会到无穷无尽的快乐。我不太喜欢讲话,长此以往更让我有时在与别人交流时显得笨嘴拙舌,但我并不羡慕那些在公众场合夸夸其谈的人,甚至有时我还会暗自嘲笑他们那种鲁莽而盲目自信的态度。之所以喜欢独处,是因为我同样无比向往内心的世界,我的沉默寡言类似于一种自我保护,它时刻守护着我心中的精神净土。即使是现在,大自然以及整个世界的神奇仍能不断地激发我的好奇心。我经常在脑海中构建自然界的情境,希望能够浸入其中,建立我与整个宇宙的联系,并融化在宇宙的精髓之中。越是感觉脱离整个人类世界,越是感到自己的存在,我总是惊讶于这样的存在,这种真实的感觉有时让我感觉到无比的幸运,但也经常让我感到无尽的疑惑。

回想起小时候,我经常这样认为,也许是我看到的第一块电磁铁激发了我对物理学乃至整个大自然的浓厚兴趣。那时我十来岁,对于磁铁已无兴趣,它们早已经成为我孩提时代的小玩具。但是当看到一根铁钉和导线能够吸引碎铁屑的时候,我彻底震惊了,我不知道通了电的导线为什么能够产生磁石一样的效果,我意识到它们之间肯定有着隐藏在表面世界背后的共同秘密。我第一次感觉到世界并不像它的表象那样杂乱无章,它的背后一定隐藏着惊天的秘密,我必须去探寻这些秘密,我想知道磁石和通电导线两者背后的神秘联系。除此之外,我还想找到这现象背后隐藏的所有秘密。这极大地激发了我对物理学的兴趣,初中时代我沉浸在物理课堂上,只有在物理课上我才能够聚精会神,并对物理知识心驰神往。

阴差阳错,我大学并没有选择物理专业,但并未因此失去对物理学以及自然世界的兴趣,我仍然会热情专注地沉迷于对某些问题的思考。爱因斯坦一直是我的偶像,他的理论让我曾经幼小的心灵感觉到既神秘又真实,我惊讶于时空背后的神奇,于是总是情不自禁地展开想象。当我接触微分几何的时候,我幻想自己就坐在参考系中,想着我自己的历史线。它与Y轴的夹角永远小于45度,它不会停息,一直在时空的背景下向上延续。我就是在这样的历史旅行中构建和感觉自身的存在。我想把上文的想法应用到这样的场景里,那么我们将会看到什么呢?

这将是一次非常有趣的尝试,将我的思考和物理学的时空背景联系起来给我带来了诸多乐趣,在孤独的思索中脑海里经常出现各种神奇美妙的画面。想象自己处在一个空荡荡的房间里,没有屋顶和任何陈设,只有两面半透明的围墙,它们和远处神秘的时空融合在了一起,这是一个让我感到无比空旷而又温馨的惯性坐标系,我就在这样的世界里画下一道属于自己的历史线。我总是活在当下的瞬间,并借助记忆将自己的过去和当下统一在一起。有时候,我感觉自己仿佛从自身以及时间的维度中脱离,如同上帝一样审视着自己。从童年开始,到晚年生命的终结,我短暂的一生如同一条三维电影胶片一样摆在了面前,我所有的情感和想法在构成身体的物质粒子集散过程中显得那样的神奇,而有时我又仿佛感觉到这一切都不甚真实。

在这个时空的场景中,每个人都站在了时间之河的最前端,这条时间之河奔流不息,我们就在这时间赋予的自由度中以一种信息单向流动的方式构建着自身的存在。这种对存在的感知在物质上依赖于大脑神经元之间的物理化学作用,在时间的流逝过程中大脑将存在的即时感知和记忆无缝地组织到一起,从而让我们感觉不到存在仅仅是当下发生的事。相对论告诉我们,时间只能变快或者变慢却无法倒转,就像电影《星际穿越》所描述的那样。这也就意味着在生活的真实场景中,永远也看不到影片里所播放的——破碎的玻璃从地上聚集起来并沿着下落的轨迹重回到桌子上变成原来的玻璃杯。但如果时间真的能倒流呢,那世界将是什么样子?我在很小的时候就喜欢思考这样的问题,即使是现在,如是的思考也能给我带来诸多乐趣。

不禁这样思考:如果时间之河倒流,是否意味着所设想的惯性坐标系里的历史线全部沿着原路折返呢?假设10个人在这个坐标系中安静地坐着。然后有1个人仍然处在时间的正常流动中,其余9个人的历史线却经历了时间倒流的过程,他们的历史线在时间逆流的过程中突然沿着原路返回。原来10个人的时间都是按$T1-T2-T3-T4-T5$这样流动,后来神奇的时刻出现了:其中一个人的时间继续正常地流逝，但另外 9 个人突然从他眼前消失，因为他们的历史线被莫名地折返了，他们将经历 $T5-T4-T3-T2-T1$ 的时间序列。那么处在时光倒流中的人们会经历什么呢？如果大脑中的信息单向处理让我们有了对存在的感知，也就是说自我觉知的存在状态是单向构建的，那么 $T5-T4-T3-T2-T1$ 的过程就是对存在感觉的拆解，也就是在这样的一个过程中，人无法形成对自身以及周围世界的认识，人成了一种物质性的存在。人类不可能在时间的逆流过程中组织起自身的心智活动，所以即使时间真的倒流，我们也不可能看到破碎的杯子重新完好无损地回到桌子上。

我们的心智总是习惯性地把智慧层的信息自我指向的完成过程看成是时间的正向过程，时间赋予我们的意义也正在于此。如果真的看到破碎的杯子重返桌面，那么我们也并不会认为自身处在时间的逆流之中，而是觉得时间之河仍在向前流动，但物理规律与我们现在所处的世界是相反的，是物理规律——而不是时间本身——出现了问题。

只要人活着，无论是时间变快还是变慢，还是像本杰明·巴顿一样经历从衰老到年轻的过程，最终都是要将大脑里的记忆和新接收到的信息不断地编织到一起，从而形成个体独特的认知结构，这就是人的存在从信息的角度所解释的本质。在这个过程中，智慧层不断地自我指向的过程是人对自身存在感知的根本，这一单向过程也标识着人存在的单向性。而时间的逆流将拆散这一单向信息处理过程，从而根本上也就无法谈及人作为人的存在。

我知道我的内心经常容易从现实的情境中脱离出来，与之相伴的是表情上的出神、呆滞与茫然，以及一种对世界深切感悟的陌生感，这种心灵的游离状态让我惊讶于自我以及所处的世界。遥远湛蓝的天空飘着数朵白云，高速公路上只有我的一辆车在飞快地奔驰，宽阔的马路和视界尽头的地平线连接到了一起，成排的绿树从道路两旁飞快闪过。这场景向我展示着自然界的辽阔与壮美，我欣喜于有这样的世界，但不时地又觉得惊奇与茫然，这一切都是为什么而存在呢？我只有在当下能感悟到这个世界，那么在我之前与之后呢？思绪越是走得遥远，就越陷入惊奇与疑惑。哦，这世间的一切啊！

2　个体繁荣

那吸引着我的,是隐藏在内心深处的灵魂的一部分,它一方面促进了我灵魂的完整,但另一方面无疑也在现实中不知不觉地伤害着我,使我无法全心全意地投入到现实生活。甚至有些时候,当我看到周围的一些人是那样全情投入地工作时感到诧异与疑惑不解。虽然有些时候我羡慕那种沉浸式的陶醉与美好,但犹如寺庙的钟声一样,心灵深处也有一个声音在试图把我带入另一个世界,这就是我灵魂的另一部分发出的信号,它破坏了这种陶醉其中的状态,犹如利用时空的广袤无垠冲淡了生命的全部激情,试图让我变成生命以及生活的观察者。这两种力在不同的方向上拉扯着我,于是我必须在这样的矛盾中进行自己的思考,因为这关系着我生活的一切。

人类历史上,有很多人做过与之相关的探索,释迦牟尼是最有成就的几个人之一,他创立了佛教,将生死收摄到统一的佛教理论体系之中。现在这样的理论体系仍在全世界有着非常广泛而深远的影响。事实上,我们每个人都在不知不觉间做着同样的事,人们总是不知不觉地在自身的认知基础上将整个世界与人生统一成一个整体,只是人们所采用的方式存在很大不同。

我把生命的本质看成是信息的,因为生命的全部意义都是在信息的聚散以及对其认知的变化过程中完成的。如果佛教是用"心"的活动代表人类认知的信息活动过程,那么我们就可以理解为什么身体以及外部的客观世界是无足轻重的了,因为它们虽然是人存在的基础,但不是本质。我试图做的就是把这样的一个信息处理过程放置到客观的背景之下,然后看看它应该是什么样子。

广袤天空下的世界是所有人生活的舞台,实际上身体本身也是这样的舞台。按照一般的观点,一个理性自觉的信息处理过程并非是从人降生时开始的,生命随着人的认知不断发展而成长起来,它也并非总是随着生理生命的终结而终结,它如同一棵大树一样,在身体提供的沃土上逐渐成长、成熟,然后再逐渐地枯萎、灭亡。

认知结构在其自身的开始与结束间的全部活动就包含了生命的意义,一个人的认知结构是什么样的才是较为丰富完善的呢?或者说在这生命的有限范围之内如何才能够让生命实现真正的繁荣呢?

相信生命只在这生死之间存在一次,如果抛开历史与社会因素,从个人信息认知的角度来说,每个人真正应该做的就是让自身的认知体系走向健康与繁荣,因为这是人这种智能生命体所赋予我们的天然责任,是我们让自身的生命变得充实饱满的唯一方式,代表着一个人深刻而完满的幸福。就目前所知,这种恩赐与幸福为人类所独有,因为只有人才具有驾驭这种认知结构的客观条件。人之所以能够超越其他生命形态,之所以能够获得人独有的幸福与不幸,就在于人所特有的认知结构相对于其他生命形态的优越性。

沿着这样的思路,我们不禁要问:什么样的认知体系是健康的?什么样的又是繁荣的呢?这些是我们需要逐一探讨的问题。这里还是要求助于我之前的著作中所构建的理论。

对于一个健康的认知体系我们能找到如下一些特征:

首先,信息层、知识层、智慧层彼此之间是协调的,三者从下至上构成的整个系统犹如一棵枝繁叶茂的大树。信息层如同庞大的根须体系,枝节交错地扎根于现实的土地之中。知识层则吸收信息层的养料,将信息层零散繁杂的表象联系转变成具有体系性和规律性的知识,一个人的知识体系形成树干的部分,它和信息层一起支持着树冠的顶端——智慧层。智慧层包含着指导一个人全部活动的最高指令,然而我们对它的了解却是相当模糊的,它就像一个无底洞,我们只在洞口徘徊却对深处的黑暗一无所知。一棵健壮的大树结构上必然是匀称的,这意味着一个人必须要拥有信息层、知识层和智慧层的完满结构,每一层都不能缺,每一层也不能被不成比例地放大。任何一个层次的缺失或被刻意放大都将造成个人认知体系的缺陷。

其次,认知结构应该受到理性指导,每一层的联系中不可以呈现病态的联系模式。在认知结构的每一个层次中,其内在联系应该是受理性指导的。每个人的智慧层中其联系模式可能存在一些特有的模式,我们就可以说一些联系模式是病态的。比如精神出现问题的患者,他们可能在智慧层的深处陷入了一些强烈到自身都难以控制和摆脱的联系模式,比如经常出现在弗洛伊德著作中的俄狄浦斯情结、埃勒克特拉情结等等。与之类似,头脑中还会经常存在一些极具吸引力的概念,比如上帝、鬼魂以及有些对个体具有深刻创伤或者影响的概念,它们将会成为智慧层中的巨大黑洞,试图吸引和收拢整个智慧层的联系,从而建立错误的联系网络而导致理性的破坏。当这种偏执的智慧层联系模式强大到一定程度时,将导致整个认知体系的破坏,使人从外界的现实中脱离出来,从而导致精神上的病态。事实上,每一个人智慧层的联系都是具有一定的偏执性的,但是在正常的理性状态下,这种偏执就体现为每个人的个性,它体现为一个人的独特个性和气质。智慧层中有些概念具有强大的吸引力,它试图将所有的智慧层联系拉拢到自身上来;而与之相反,有些概念具有极强的排他性,也就是说智慧层似乎有意识地逃避与这些概念之间建立联系,比如耻辱、撕心裂肺的爱情经历、死亡等等概念,智慧层很有可能极度排斥相关概念,破坏智慧层应该建立的正常联系,这同样会导致理性的缺失。另外,智慧层中那些影响深远的概念,会向下影响到知识层和信息层,导致知识层以及信息层内形成不合事实或逻辑的联系模式。

最后,认知结构就像大树一样,理想的认知结构应该是枝繁叶茂的,而不是瘦小羸弱的。如果我们追求的不是简单的快乐,而是更崇高的人生福祉与价值,那么有价值的人生一定更加深刻,而认知结构就是能够让人变得深刻的一个前提和基础。只有信息层的根系深深地扎根于客观世界的土壤,才能够让人在更大的深度和广度上了解客观世界,才能够将更多客观认知的营养运输到知识层,使人更深入地了解自身所处的世界,并以此作为更坚实的基础进一步促进知识层和智慧层的发展。相反,如果对客观世界的认知只局限在一个非常狭小的范围,如同动物一样,那么人对世界以及自身的认知是不可能深刻的。

一个人的生命本身以及能力都非常有限,如果只依靠自己直接获得的经验,那么是不可能建立起非常深刻的认知的,但幸运的是我们每一个人都可以借助我在《信息的演化》中提出的"人脑云"的力量。"人脑云"能够将人类群体的认知不断积累,通过系统学习,任何人都可以借助知识传承的力量来突破自身存在的局限。"人脑云"将时空长河上的所有人联系起来,并通过其自身的发展让所有人都能受益,从而使人避免动物般的机械重复。我们今天知道这宇宙已经存在100多亿年了,2018年6月遭遇强烈尘暴前"机遇号"火星车还能够向地球传递信息,我们也能够了解5000年前苏美尔的国家统治机构等等,这一切都是人类社会知识不断积累的结果。人利用社会不断发展过程中传承的知识,来加强和完善自身的认知,从而冲破自身能力的限制,促进个体认知结构的繁荣。

以上是对一个健康的认知体系所做的最粗略的描述,简单地说,一个人的认知体系如同一棵大树,其体态必须是匀称的;每一层内部的联系方式是合理的;认知体系必须充分发展而不能羸弱。现实生活中,人的认知体系如果不具备上述健康特征,那么很有可能患有"信息疾病"。如果一个人的认知体系并非结构匀称的,他过度沉迷于信息层行为,从而导致其知识层和智慧层的衰弱,很可能沦为彻底的功利主义者或者拜金主义者等,他或沉迷于声色世界的诱惑之中,或沉沦于凡尘琐事的羁绊之中,沦落为本能的奴隶,从而迷失自我。他的智慧层偏执而狭隘,原始本能的巨大力量将他所扮演的社会角色与其本身彻底地压缩在了一起,彻底将自身与其社会角色等同起来,从而让他丧失思想上的诸多自由。同样,也存在过于关注知识层的"信息疾病",但知识仅是工具而非目的,作为智慧层和客观世界之间的缓冲,知识层的本质在于帮助我们更好地认识客观世界以及自我,如果仅仅痴迷于知识层的探索,而相对忽视信息层和智慧层的活动,那么同样也会造成自我的一种缺失,而知识将沦落为智力的玩具。同样,也有过于关注智慧层的"信息疾病",因为过于关注自我,而将自我封闭起来,导致对知识层和信息层的忽视,将自身引入到存在的"一隅"。一些过于关注智慧层的人,他们只按照智慧层构建的某种自身无比坚信的结构而生活,比如虔诚的信徒,他们把智慧层固定到某一特定的信仰体系内,并用该信仰派生的信条支配知识层和信息层的活动,从而具有倾向性地获取或排斥某些信息、知识。他们的存在被僵化到一种固定的样式,从而失去了认知体系的生机与活力。

这样,我们知道一个人的健康不仅仅是身体的、精神的,还是关乎认知结构的,而且从中能够感觉到三者之间存在着一种逐步深化的递进关系:健康的身体提供了最基本的生理基础,正常的精神状态保障了我们内在世界能够正常运行;而一个人的认知结构则关乎活着的本质和意义。对于我来说,除了一个人的认知体系,已经再也找不到对于在生与死之间短暂存活着的人来说更好的标识。没有健康强大的认知体系,人类将更接近动物,人类的爱不会变得深沉而真挚,人类的思想不会深邃而真实,人类的一生将变得肤浅轻浮、贫瘠不堪。

对于生命而言,时间虽然是一个非常重要的维度,但是它只是一个前提,而真正重要的是在有限的生命里能够让自身的认知体系像一棵繁茂的大树那样健康地成长,充分地发育,并且正常地走向死亡。虽然我们每个人的认知结构被我们的职业以及社会角色塑造成不同的样态,但是它们的基本结构是一样的,因为它们都涉及人和这个世界的关系。认知结构将人和世界分离开来,让人变得更像人,世界更接近真实的世界,而后又把人和世界重新联系到一起,成为一个整体。

虽然人作为一种具体的生物存在,有着其与生俱来的一些特点,如被赋予了人这种生物固有的神经系统、情感模式、思维模式等等,但是人身上的先天内容仍然可以被认知结构的理解方式分离开来,而且这种分离是非常有益的,因为它可以让自身从具体的社会角色以及所处的历史时空中分离出来,并把人置于原始的基座之上。这就是一个人一切的源头,蕴含着人这种生物存在的全部价值和意义。如果从信息的角度来研究人的存在方式和道德含义,那么这就是最好的出发点,一些价值、道德以及存在的理想都将从这个源头流出,而从这里我们也能够构建信息存在的全部哲学体系。

人必须要从自身的生物特征、社会角色以及历史时空中分离出来,并走向源头处更本真的自己。然后再反观这赋予人的那些毫无价值甚或充满伪装的外来之物,在生命有限的威胁之下,人必须要谨慎地往其中添加内容,也就是让人的认知之树在生命的有限边界之内,能够真正健康成长、枝繁叶茂,最终实现个体繁荣。

既然我们已经将认知之树分成了三个层次,那么我们就可以从这三个层次分别探讨认知之树的繁荣路径。首先,信息层的繁荣。信息层代表着人这个主体和其所处的环境以及整个客观世界直接接触的部分,信息层的树根必须充分扩张,才能增加人和这个世界的接触机会,从而将更多、更真实的养料输送到知识层以及智慧层,从而为整个认识树的成长备足充分的养料。经过20世纪人类知识领域的飞跃式发展,现在人类对整个宇宙及自身的认识已经达到了前所未有的高度,生活在当下的人是幸运的,因为他们能够通过20世纪诸如爱因斯坦、薛定谔、弗洛伊德、荣格这样的天才所创立的理论,更好地接近宇宙以及真实的自我,从而把人自身的认知之树植于最坚实的土壤之中。人必须要借助人类历史上取得的知识才能够在有限的生命中最大限度地进行信息层的建设,否则单靠个体的能力是不可能在对客观世界的认知上取得足够的进展的。这样,丰富信息层,也就是促进人整个个体繁荣的第一条路径便产生了,那就是阅读。阅读是人接收外部世界信息的最主要途径,人越是以人的方式存在,那么这种方式也就越重要。因为人从社会和历史中获取知识的最重要的手段就是充分地阅读前人的作品,利用前人的认知丰富自己的认知。

　　当然,对于认知结构来说,从阅读中获益的不仅仅是信息层,知识层和智慧层同样在阅读的过程中受益,而且后两者往往能够在阅读中受益更多。显然,阅读本身是三者相互合作的过程,将三者严格区分开来是没有意义的,就像人不能仅靠眼睛而不依靠大脑读书一样。不过阅读对于三者来说还是有明显区别的,最大的区别就在于阅读过程的参与程度。阅读过程中,知识的获取要求知识层的充分参与,它包括更为充分的知识获取、吸收、消化,以及与固有知识体系之间进行连接的一系列过程。同样智慧层也进行类似的活动,它对书本中的内容进行判断、评价,最终将获取的内容进行提炼,并将其融入智慧层网络。而对于信息层来说,其工作内容就相对简单,它只需要将新的关于外界的认知存储到信息层的网络之中,作为知识层、智慧层统一活动的处理对象即可。不过这也正是信息层的使命与责任,它本身的价值就在于不断地开疆辟土,尽可能地将知识层和智慧层所需要的营养吸收进来,那么读书就是摄取营养最重要的手段。随着人类知识的不断积累,这种手段的作用将不断加强,因为出于效率考虑,人类将越来越多地通过间接手段——"人脑云"来认识这个世界。

　　谈到这里我们已经知道,虽然之前做了认知结构和其内容的分离,但是人类毕竟生活在特定的历史时空之下,生活在由物理规律控制的宇宙里,而不是神祇创造的世界之中。没有哪一种动物能像人一样如此依赖于所属族群的进步,人和祖先的存在在某种意义上说虽然是共性的,然而这种共性必须要通过具体的个性而展现,这也是认知结构和其内容进行分离的意义。进行这种分离并非多余,而是一种救赎,它将人从具体的桎梏中解脱出来,从而让人更好地认识自我,并拯救自我。那种抱着机械论的思维来看待这种分离的人是体会不到其中的好处的,人既生活在具体的现实中,也生活在普遍的共性之中。

　　人类取得的认知被织成了一张巨网,它随着时空的长河一起慢慢流淌,每个人都生活在这个网络的节点之中。历史上有些人虽已远去,但从某种意义上说他们仍然活着,他们不但活在这个延伸的网络之上,而且活在人所共同创造的海洋之中。对于独立的个体来说,一种最为经济的方式,就是通过这个网络来认识世界。很多人一辈子也没见过猴面包树,却并不怀疑这个树的真实性,因为这个信息是通过他人的认知真实地呈现的。而动物却没有这样的优势,它们受限于狭小的生活空间,只能靠个体的探索了解世界上极为有限的一个角落。人通过对社会的知识积累，能够了解的信息远远地超过其所处的星系以及生命的界限，一个人并不仅仅是在自身的土壤之上生长的，而是在整个人类社会的土壤上生长的。

需要指出的是，这里所说的"阅读"并不能仅从字面的意思上进行理解，尤其是当生活被屏幕所包围，"阅读"的含义可以延伸到一切可以通过视觉获取新信息的方式，视频、图像、课堂学习等都可以被认为是"阅读"的范畴。我们这里所谈论的"阅读"，其重要特征包括两个方面。首先，它是一种间接的手段，根本上说它是一种利用其他人的实践来扩展自身信息层内容的方式。这种方式让人类始终站在其已有的成就上实现自身发展，而且这种间接的方式在人的认知中将占有越来越大的比例。其次，并非所有"阅读"都是对信息层的扩展，那些出于消遣目的的阅读显然不是我们谈论的对象。我们只关注那些旨在丰富个体信息层内容的阅读。因而，并非所有的阅读都是有益的，只有那些能够有助于不断完善自身认知体系的阅读才是真正有价值的。人类的生活中充斥着大量的信息，能够从中选取真实可靠的、真正有益于认知体系健康成长的信息才是这个时代最应该具备的能力。

阅读本身无非是一种提高个体认知效率的方式，如果未来人类能够真正在大脑与存储设备之间建立无缝连接，就像我曾经在《信息的演化》一书中所设想的那样，那么阅读将是什么样子的呢？这是一个非常有趣的话题。也许人类可以直接将信息拷贝到与大脑所连接的存储设备上就能完成阅读，但阅读本身绝不是单纯地扩充信息的简单行为，阅读过程本身还需要受到知识层以及智慧层的审视，阅读本身是三者相互协调的认知自我组织过程，三者本身是一个整体。通过拷贝进行的信息层扩充，是一个鲸吞似的获取方式，但食物最终需要被消化才能真正有用。

丰富信息层的活动除了阅读这种间接的方式外，还包括参与社会实践、旅行等直接方式。事实上，直接的方式才是最根本的也是最重要的扩充方式，只不过人存在的有限性让这种方式无法满足个体成长的全部需要，但原则上人理应通过个体实践直接地获取外部世界所包含的全部信息，这个想法我在《信息与存在》一书中已经有过类似的表述。读一百篇西藏旅行游记，不如真正去一次西藏，这就体现了信息获取的直接方式和间接方式之间的巨大差别。

阅读和旅行已经成为我最喜欢也是最重要的两个生活内容，因为对于我来说，两者都能够扩展我的信息层内容，丰富我对这个世界的认知。当然，这里的阅读和旅行除了极少的消遣作用外，更重要的是拓宽了我的认知边界，让我与外部世界更紧密地结合在一起。或许我们带着这样的目的去阅读以及旅行，反而能够更多地赋予两者以更为重要的意义。

完成了阅读的讨论，现在来看一下旅行。对于一般人来说，旅行是最好的休闲娱乐以及消遣方式之一，但是这种意义上的旅行这里并不赘述，这并不是说这种目的的旅行体现着庸俗的意味，或者有何不妥之处，只是这种旅行并非本书关注的重点，因为我们关注的是那些能够促进个体繁荣的旅行方式，是主体直接丰富个体信息层的一种方式。事实上，很多人的旅行都同时具有两种目的，只是各占比例不同罢了。不过我们也可以从历史上诸多人物的旅行中，发现他们的旅行目的明显是后者，希罗多德、柏拉图、达尔文、荣格等等，他们的旅行在很大程度上体现着自我完善的强烈愿望，他们的旅行不仅仅是好奇心的满足、感官的愉悦，更是一种向世界学习的方式，一种对自我认知结构的微妙的修正与印证。

在我看来，真正有意义的旅行向来都是包括两个方面的：脚步向前的同时，认知沿着信息层、知识层、智慧层的方向不断提升。这样我们的认知就被充分地调动起来，它们并非单纯地满足于感官层面的逸乐，因为对于整个认知结构的繁荣来说，这种行为可能很快就会被淡忘，因而并不具有长远的意义。而脚步的旅行和心的旅行结合在一起，才是人进行自我完善的全部，有多少人因为旅行让自己的信念变得更加坚定，又有多少人因为旅行让自己的内心更加超然。

当我们智慧层最高的认知因为旅行中直接的见闻而得到很好的印证时，无疑会增加我们对自身信念的坚信与迷恋。而当它与我们的最高层认知相悖时，我们将经历怎样的一种惊喜和挑战？智慧层的收慑力将怎样处理这样的冲突呢？软弱者可能对这样的矛盾视而不见，而勇敢者则要进行新一轮的认知结构自我完善，因为现在的信念已经遇到了真正的挑战，那么他要做的是寻找更完善的理论，将这种矛盾包括进来，这样认知就又前进了一步，这也意味着认知结构将进一步走向繁荣。

旅行往往会带来预想不到的收获，自然的美景往往在不经意间刺激内心情感，建立思想间的丰富联系，它往往能够带给艺术家灵感，带来创作的欲望。我以前写作的很多灵感就来源于我的旅行，有一些话语或者内心的想法是在与广博的自然独处的过程中产生的。我能够真切地感受到这种奇妙的认知结构联系方式，它们仿佛不合逻辑地将那些认知网络的情感、想法、印相甚至词语连接起来。也许我们对人思维方式的认识远远不够，我仿佛觉得清醒的意识下是淹没于海面的潜意识的巨大冰山。人们虽然在明确的意识支配下活着，但是潜意识在认知结构看似明晰的工作过程中悄悄地发挥着作用。而旅行特别是那些具有强烈的感觉刺激的旅行，往往能够让那些躲在视野背后的联系机制发挥作用，于是某些人开始创作，而有些人则开始了神圣的爱与信仰。

几次旅行过程中留下的意象一直深深地印在我的脑海：蔚蓝天空下雄伟的冬日都山，吴越古道乐利峰上那些从未见到过的绿色植物，铁瓦寺凌晨那由黑白的水墨画变成绚丽多彩的油画般的日出景象……直到今天，它们仍然向我传递着美妙而神秘的自然信息，它们曾经强烈地刺激着我对自身存在于世界的感受，刺激了我智慧层中最隐晦而深沉的内在活动。这种冲击的力量所引起的心灵回声仍然在我的认知体系中回荡，自然界如此这般长久地刺激了我的思想，为我平淡的人生增添了表达与创造的渴望。

上述这些经历是真实而明晰的，每个人都可能经历过同样的感受，但是自然界有些信息看上去充满了疑点，至少很难用现有的知识进行解释。我只有过一次类似的经历，这件事虽然很少被提及，但是留给我的印象极为深刻。读初中时，一次我和父亲一起在屋门口修理家里的插排，非常简单所以很快就修好了。然后我继续留在原地，父亲穿过门厅往卧室走去，就在他走进屋子的一瞬间，我的脑海里闪现出一个画面：门框上的一根电线脱落下来，并电到了我的父亲。这个画面完全自动地出现在我的脑海，如果不是听到父亲惊恐的叫声，我还以为这是我内心对父亲的诅咒。但事实证明这是一次神奇的预感，父亲的叫声验证了这个预感的准确性。听到父亲的声音，我马上冲进屋子里，父亲正瘫坐在地上，一脸恐惧与茫然，他还没有反应过来刚才发生了什么，那根脱落的电线仍然在他刚经过的门上晃动着。那是我从小到大最难以理解的经历，那个时候我不知道是应该把它当成心灵感应看待，还是当成我意念力能够控制导线来看待，但是这样离奇的事情再没有在我身上发生过。我之所以提到这件事，是因为我们对这个世界清晰明白的认知也许是不完备的，如果从现有的理性认知来看，我们清晰明确的认知的确是不完备的，但这里我所谓的不完备是另一个维度的，甚至我们对自身的认知也是不完备的，比如那隐藏于明晰的认知背后的潜意识等。

但是，在前两部作品所构建的理论背后隐含着这样的一条原则，即认知结构必须建立在坚实的信息基础之上，信息层、知识层以及智慧层的任何僭越边界的行为都是需要我们谨慎看待的，因为生命的大树应该长在坚实的土地之上，而不是生长在空中楼阁之中。我们对智慧层所包含的极为丰富的内涵及其运作机制仍然充满了未知，但这本身也是一件非常值得高兴的事，它的存在本身意味着人乃至整个自然界的高度复杂性，意味着人还有无数的心灵宝藏值得去挖掘。对于我们的理论来说，这样的世界要比简单机械的世界有趣多了，但是我们的原则没有变，智慧层的活动仍然是要把能够确定的内容置于自身的统摄之下，界限与敬畏同在，我们只想把握那些能把握的东西。

让旅行去扩展我们的认知边界吧，让旅行赐予我们灵感与创造力吧，文字永远无法把自然的美变成一股你可以真切感受的力量，但是自然美景在某个无法预料的瞬间却可以通过视觉、嗅觉、听觉等等感官赋予你真实而又无法名状的震撼，光明与色彩、声响与芬芳汇成一股梦幻般的清泉真实地注入你的心田，让你感受到作为存在者的真实与神奇。这就是直接与自然接触的无法替代的魅力，它是最终的审判者，因为这里有我们直接接触的世界的真实，再美好的知识理论，再完美的观念体系，如果自然界传递给你一个反例，那么它们都将冰消瓦解。旅行就是这样，我们的内心是纠结的，一方面我们需要得到印证，另一方面我们渴望被挑战。

关于信息层的丰富与完善我想说的就是这些了，阅读是间接扩展信息层的代表，而旅行则代表着一种与外部世界直接接触的方式。一棵大树只有发达的根系而没有繁荣的枝叶显然是有问题的。所以，对于健康的认知结构来说，除了发达的信息层，还需要同样发达的知识层和智慧层。

知识层内容的根源还是信息层，无论经过何人之手，知识都是对信息的提炼和总结。当然这里所说的知识是指那些表象背后经过复杂加工处理而得到的理论化的规律性的知识，它代表着繁杂表象背后更为本质的内容，而通常所指的知识的范畴往往过于宽泛。跟信息层的内容比起来，知识层所包含的内容往往更具稳定性、明晰性、结构性和体系性。每个人知识层的内容都具有一定的结构，而知识层本身的扩充，需要的就是这些结构性的内容不断成长壮大。那么知识层的成长，无疑包括更为复杂的过程，因为它涉及新知识和已有知识之间建立连接的过程，它需要对新知识进行理解、消化以及吸收，从而真正让新知识成为自身知识的一部分。如果不经历这样的一个过程，新知识将很难被真正转化，也很容易被忘却。

相对于纷繁的信息层来说，知识层的内容意味着我们能够更好地把握和理解这个复杂的世界，因而对于那些真正想理解世界的人来说，知识具有无与伦比的吸引力。特别对于智慧层的繁荣来说，知识层更是起着极为重要的作用。对于生物来说，没有知识层也能够生活，但是人不一样，如果没有了知识层人就不会进化为今天的人类。对于一个人来说,知识层同样起着让人更接近于人本质的作用,没有发达的知识层,智慧层不可能变得饱满而深邃,就如同一个人没有理性精神不可能变得健康一样。

如果我的寿命和智力允许我独自去探索人类现有的全部知识,那么我显然不会去学习他人创造的知识,而是自己亲自构建人类的知识大厦。可惜这是不可能的,对于任何一个人都不可能,所以人们才去学习人类已有的知识,学习也就成了个体知识层扩展与丰富最为主要的方式。个体以及人类的知识层总是晚于信息层和智慧层出现的,个体受教育的过程就是建立自身知识层的过程。知识是人更好地理解以及处理与外部世界关系的工具,它被表征为自然与自然之间、自然与人之间、人与人之间的稳定的联系结构。熟练地掌握知识这个工具,人就能在一个更高的层面把握这个世界,那些纷繁复杂的现象便显得有章可循。当个体发现隐藏在信息层背后的秘密时会感到非常喜悦,就像刚刚学会了魔方公式的玩家,现在无论这个魔方开始时是多么的混乱,都能够被顺利地还原。全部的知识体系就像宇宙这个超级魔方背后的还原公式,它无法代替我们跟魔方的直接接触,却让我们更好地认识魔方。

但要知道,人的知识很可能永远也达不到完备的程度,也就是说知识层可能永远也无法将信息层全部地收摄到自身之下,何况人在构建知识层的过程中还经常受到主观的影响。我知道某些主观的感觉是非常玄妙的,甚至永远无法用语言将其精确地表达出来,但它的存在是那么真实以至让人无法怀疑,这样的直觉无法被系统地知识化,但它却真实地存在。知识层既然无法全面涵盖信息层,那么就意味着人需要保持警惕,因为现在所认识到的知识层的特有联系结构可能是更为宏大的联系结构的一小部分,或者只是一种特例,而这种更宏大的结构现在还看不到。

个体是通过接受教育和学习来完成知识层的构建的,人接受间接知识的比例如此之大,以至于用直接和间接来对知识进行区分已经毫无意义,而且随着人类知识的进步,这一比例还会继续增加。现在,从婴幼儿时期教育就已经开始了,教育过程并不是单纯地开始于知识层或者信息层,而是两者交织在一起自然地进行的。人们并不把知道某一事实作为知识的学习过程,而是把掌握一种方法或理论当成学习过程。当一种方法或者理论被熟练掌握时,才意味着真的学会了些什么。

后来,较为完整的但也是最基本的知识框架开始建立,知识层随着学习过程被不断丰富。如果不是由于工作的单调以及好奇心的丧失,这种成长过程还将继续,但是大部分人的知识层被所扮演的社会角色塑造成特定的结构,并开始慢慢走向停滞与枯萎。纵使这种具有专业色彩的知识结构是畸形的,但人们别无选择,因为人的能力以及生命是如此局限而渺小,所以必须把精力放在某一特定的领域。这样的实际情况显然是与个体繁荣的发展期望相违背的,因为人们希望智慧层建立在一个相对完善的能够涵盖全部信息层的知识层之上。对于那些追求个体繁荣的人来说,这就意味着有两件事必须要做:一是不要让他们的知识结构的成长停滞,二是尽力扩展他们知识结构的范围和边界。

如果一个人的认知结构不再丰富了,那么他的生活将停留在某种特定状态的循环之中。当然这并不意味着生活毫无意义,只是从个体繁荣的角度来说成长将陷入停滞,而事实上却可以利用有效的时间做得更多,而且相对于知识的广博,人做的即使再多也仍远远不够。也就是说,人们本可以在一个更深的层面看待这个世界,而且除了人们自己之外,没有什么能够真正阻止人们将认知引向深化。所以那些把知识当作生命的人,那些不断深化自身认知的人才真正在做着延长生命的工作。人们并不羡慕杉树或是乌龟比他们长寿,原因很简单,只是因为他们属于人类。

太阳从天边升起的时候,把光明洒向大地,它曾照亮过所有人的眼睛,但是太阳的光明不足以照亮人类的心灵。驱逐心灵的黑暗还需要另一个太阳,它不同于天空中那个永恒的、照遍世间万物的星体,它是一个不断成长的太阳,而只有人类才能得到它的眷顾。默默无闻的原始先民,伏羲、苏格拉底、老子、释迦牟尼、贝多芬、达·芬奇、爱因斯坦……他们都生活在第一个太阳底下,但是由于第二个会成长的太阳也曾用另一种光明照耀他们,所以他们看到的世界以及整个宇宙是不一样的。也许有时候很多人会像我一样,羡慕那些曾经用神话将宇宙和自身统一起来,并从中获取生活意义的古代先民,人们被他们那种真正融入宇宙无须过多怀疑的完整性所吸引。但对于我来说,我不愿失去当下的知识而获得这样的统一,把握事物的真实比某种虚幻的统一感更重要。因而,对于人们认知结构的成长来说,应该在心灵深处不断地引入知识的光明,即使人们从事那些把他们的知识固定到某一特定领域的工作,也要不断地提升个体知识结构的完整性。人们的智慧层要求他们这样做,它从来不排斥任何关于整个自然界以及人类社会和心灵的知识,确切地说它正是建立在营养均衡的知识土壤之上的,对任何有益的知识都不应该排斥。也许那些知识功利主义者,或者藐视知识的人可能永远也不知道人类在做什么,人类的理想是什么，因为他们的认知边界还不够。

我理想的生活方式很简单，每天在惬意与平静中度过，但我一定要通过书籍或者旅行丰富自己，每一天都能够进步一点点，并在冥思中将这些收获与自身统一起来。我渴望自身知识不断突破，希望内心能够在对知识世界的探索中经历彻底的摧毁与重建，也许现在我就应该去接触那些看上去与我固有的想法相悖的东西，但原则并没有变，那就是我探寻的是世界与生命的真实，不管这种真实通过什么样的方式表达。"去学习吧，去丰富认知体系吧，不要太累了，但也不要懒惰"，这是给我的孩子的忠告，同样也是给我自己的。

所有的学习都要回归自我，如我在先前的著作中所说的，信息层与知识层都是处理人自身和外界的关系的，如果这种自身对外界的指向关系并不复归自身，那么再多的见闻、再深厚的知识对自身的发展也无益。即使这样的可能性很小但依然存在，总有一些沉迷于知识或者丰富的信息世界的人，然而他们的认知体系并不完整，只有回归自我、重视智慧层繁荣的人才体现认知体系的完满，他们的存在是完满的，即使在他们所在的时代背景下人类的知识是那么的有限与贫瘠。老子、释迦牟尼是这样的人，亚里士多德也是这样的人，在亚里士多德身上的学者气质更能体现这一点。

虽然知识对人的价值与意义如此之大，但对于智慧层来说它始终是工具性的，它是人认识自身以及宇宙的工具，但并不是目的。智慧层才蕴含着一个人存在于世的真实内容、价值以及含义。它躲在认知结构的深处，并控制着自身的一切，自我道德、价值以及目的都来自它。赫尔曼·黑塞的作品《悉达多》中，经历了世事沧桑的悉达多最后露出的周遍含融、包罗一切的微笑显然是来自智慧层的，他在顿悟与微笑的瞬间完成了认知体系的大回环，无比复杂而深刻的联系经历了信息层、知识层以及智慧层后，最终完成了深刻的统一，他的笑是释然、超脱、慈悲而充满智慧的微笑，它来源于心底，也来源于最高的智慧层。

智慧层如何丰富呢？人可以没有知识层，如同动物那样生活，但是却不能没有智慧层。智慧层和信息层构成了人和动物存在的基础。每个人智慧层的成长都将经历不断丰富甚至彻底洗牌的过程，它的目标是经过无限丰富和复杂的外部过程达到某种程度的统一，并最终指向自我，亦即自我的真正存在。

在一个人成长的最初阶段，其智慧层是由生物性的本能所控制的，后来这种本能被家庭以及社会的道德所束缚，它们只能通过符合规则的方式表达出来。当然这些规则具有特定的社会意味，它们和一些模糊的世界观念混合起来，渐渐地渗透进一个人的智慧层。当然这些都是被不知不觉地填装到一个人的智慧层的，不过这些蕴含了童年的无限美好与梦幻的不成熟的填充物，将渐渐地被不断成熟的感官和越来越丰富的认知所改变或彻底颠覆。一个人童年的玩伴往往也仅仅只能停留在童年，因为他的智慧层变了，已经完全不同于以前的自己。甚至人的一生都是在不断地慢慢修改着智慧层，它最终让人成为最完善的自己。

如果智慧层对于人们来说意味着存在的本质，那么智慧层的构建就意味着一个人最核心的内容。由于智慧层成长的过程中被不知不觉地添加了一些内容，所以必须要对这些内容进行彻底地审视和反思，这意味着智慧层行为必须要从无意识的行为状态转换到有意识的状态，然而对于很多人来说，这种过程是被忽视的。但仅仅通过个体的直接观察永远也不可能达到人类条件允许下的繁荣状态，人对自身以及外界的认识必须要借助整个人类的知识，也就是必须借助知识层。如果一个现代人和一个古代人坐在一起，看到同样壮观的日落景象，他们的心境不可能是一样的。荣格赞扬以及羡慕生活在自己神话世界里的印第安酋长，但只是羡慕他们在精神与物质融合的世界里找到的对于他们来说最坚信和真实的生命意义。如果荣格也依照如是真实的意义活着，那么他的整个世界在某种意义上说是能够涵容前者的，需要强调的是这种涵容并不带有任何褒贬的意思。事实上，每个人的生活都是不可替代的，没有任何人的价值可以在根本上取代其他人的价值。

智慧层的内容是具有一定惯性的，因而它总试图缩小或者夸大信息层的影响，因为有些信息对于智慧层来讲意味着根本的否定性，而这种否定性意味着对智慧层统一性的诘问，撕裂智慧层业已形成的统一性对于某些人来说是痛苦的和折磨的，如同很多人在信仰方面表现出的内心挣扎，即使他们表面上从来都不承认。不过，这种对原有智慧层的否定同时也包含着激动人心的一面，只有冲破旧有观念的束缚，才能破茧成蝶，只有在一次次的自我否定和重建的过程中才能走向更加完备而深沉的自我。事实上，人们对宇宙以及自身的认知仅仅凭借理性和感性永远都不能达到绝对的完善，但是却可以在特定的发展阶段达到尽可能接近自身的完善。

智慧层的自我重建，在自觉性的前提下还需要较为完善的知识结果作为媒介，知识层并非最终目的的原因正在于此。单单凭借直觉是不可能构建牢固的智慧层的，它必然需要人类取得的最可靠、最前沿的知识作为基础，才能构建最符合时代特征的智慧层。那么，知识的选择和知识结构的构建就成了极为重要的事情。个体对知识的获取速度永远也超不过知识的增长速度，所以人们只能被迫选择知识的某个特定方面，专业知识对于具体的工作岗位来说是必需的，人们把主要的精力投入到专业知识上面。但是，只有专业知识对于智慧层的繁荣来说也是远远不够的，它需要更为全面而完整的知识结构，而完整的知识结构蕴含着人类处理自身以及自身与外界关系时所需要的最全面和最根本的认知。

那些真正关注智慧层的人一定会这样做：他们极为谨慎地在知识的海洋中选择，去粗取精，有意识地为自己建立较为全面的知识结构，他们把一生大部分的时间都用来做这件伟大的工作，这并非出于对知识的沉迷，而是要为智慧层提供最可靠的养料和依据。

知识层以真正融入式的联系模式建立起来了，它们已经不是分散的孤岛，即使有些难以克服的障碍，但它们已经成为一个相互融合的网络。现在它已经能够为智慧层传递全部资源了，智慧层需要的就是用这样坚实的知识结构完成对宇宙、自我以及未来的回归。它凭借知识、知觉以及发自内心最深处的最慈悲的爱看待自身以及世界。它不可能不是仁慈而博爱的，即使并不完美；它也不可能不是深沉而广博的，即使它仍有很多路要走。在它这里已经没有了道德、认知以及心灵的分离，它们既在一起又不在一起，它们是统一的某些内容的不同侧面——人从无数个侧面认识这个宇宙和自身，最终又在这里回归到了一起，就像初始状态。宇宙本来就是一个整体，从没有也不会因为个体的视角而真正分别开来。

智慧层的行为运作模式显然是不同于知识层的，它需要更多的情感、直觉和悟性的参与，它要将整个认知体系综合起来，进行全面的梳理与提炼，数理逻辑无法产生道德信念，但是情感以及直觉的参与能够弥补这一缺陷，它将知识转化成对外界一切以及自身的认知，并将精心获得的认知结果升华成自身存在的价值模式，以此规划自身的生活样态。没有直觉和情感的参与，智慧层的行为是不可能实现的，也许人类的无限性正是因为情感和直觉对哥德尔不完备性定理封印的解除而获得的。这样看来，一个人并不可能仅仅依靠知识就突破自身，而知识本身远远不是智慧，对知识的直觉与感悟才能生成智慧。直觉与感悟在某种意义上也是能够被训练的，虽然它们都蕴含着先天的成分。如同人们的感官，通过训练感官也会变得更灵敏一些，这种训练非常有助于促进智慧层的繁荣。

智慧层位于认知体系金字塔的顶端，它的成长与繁荣是建立在整个认知体系基础之上的，它需要直觉以及悟性等将有焦点的分裂的人类视觉重新缝合起来。

知识层、信息层在智慧层中合而为一,并作为一种融合了的原料和力量支撑智慧层的重建,这个过程持续而缓慢地进行着,它让人们逐步改变自己,改变到人和孩提时的玩伴产生陌生感,改变到自己已经不再是以前的自己。

这一进程驱使人步入不同的人生状态,认知之树慢慢发育、成长、成熟、繁荣、枯萎、凋零,这所有的环节就构成了一个人的一生。生命之树的壮美在于这个过程的完整性,在于每个环节都有每个环节的美,成长的天真善良、成熟的茁壮繁荣、枯萎的从容坦荡、凋零的超凡脱俗,所有这些美构成了一个人最完整而绚丽多彩的人生画卷。人类历史上有无数的天才虽然没有经历这个过程就创造出了伟大的奇迹,但是我想,如果他们能够拥有这样一个完整过程的话只能让自身更加伟大。显然艺术家并不需要深厚的思想就能够产生杰作,但是如果这样的艺术家拥有深厚的思想和广博的见识,他们的作品即使不刻意表达任何思想也会与之前不同,就像成年期的创作对比儿童期的创作一样。

这里仅仅从个人的角度讨论了人生的繁荣问题,这是从信息认识论的角度进行的个体思考,当然其中尚未对他人以及社会责任进行讨论,而是仅仅关注自我。我将这样达到了个体繁荣的个体视为理想的个体,那么理想的社会也是由这样理想的个体构成的。

3　萨特、他人

奇怪的是,现实生活中人们必须承认他人的存在,必须把他人当作跟自己一样的独立个体,这种认识是这样的自然而真实,以至于没有人会有意识地或刻意地去确认他人的存在。如果一个人无视他人的存在,那么在社会活动中他必将受到社会规则以及伦理的惩罚。然而,哲学上对他人存在的证明却是那样的困难,甚至我会怀疑他人的存在是否能够被证明。

历史上有很多哲学家都曾探讨过这些问题,在探讨这些问题之前,需要对上述探讨做简单的梳理,但这项工作并不是本书的重点,这里关注的是如何从信息的视角来探讨这些问题。幸运的是,萨特在他的《存在与虚无》一书中已经进行了较为详细的梳理和评价,这为本篇探讨的主题提供了极大的方便。这里借用萨特的视角将与此相关的不同观点简要地介绍出来,并以此为基础进行信息视角的探讨。

萨特在探讨他人时提出了两个令人"望而生畏"的问题:首先,是他人的存在;其次,是我与他人的存在的存在关系。然后从唯我论和实在论开始探讨。实在论是不关心上述问题的,因为实在论者认为他人的存在是理所当然的,他人的存在对于实在论者来说是一种既定事实,所以他们会把更多的注意力投诸怎样去认识他人,并辨认他人和我的意识间的细微差别。但是,在他人的意识和我的意识之间,我的身体是必要的中介,用萨特的话来说,"即使人们承认有我的心灵直接面对他人身体的在场,我要到达他的心灵也还差整整一个身体的厚度"。因此这个身体的厚度实际上就遮挡了他人心灵实在的自明性,用另一种说法就是立足于直观的哲学中,没有任何对他人心灵的直观。

对于身体,萨特认为它是难以逾越的,在身体诸表象的背后无论怎样探索其心灵的实在都将是一种臆测,这样实在论最后又返回到了唯心论。这样萨特便把视角切回到唯心论的轨道之上,这里首先引入的是康德。康德致力于确立主体性的普遍法则———一条适用于所有人的共同法则,而没有涉及个人的问题,他人的个体性问题在主体普遍性的法则下被忽略了。萨特认为,康德的观点本身,必须要问他人的认识可能问题,确定对他人的经验的可能性问题。萨特严格区分了他人的问题和实体实在性问题的区别,实在性的存在只能被思考,而不能被设想。唯心主义者的处境被呈现出来,他们即使发现了他人是能够将其经验组织起来的统一体,能够把他自身以我的方式组织起来,即使体现出无比真实的实在性,但是和他人的实在的关联性是不可能的,因果性、一般性结构以及时间的相符都不可能突破与他人之间的平行性。他人是一个自成体系的通过自我的个体经验所无法达到的联接系统。他人是完全不同于我自己的意义和经验系统的存在,是一些不同的现象系列在它们的流失过程中指向的那个框架。当唯心论者一切通向他人实在的路都被封死的时候,唯心论者的路径就只有两条,一条就是彻底摆脱他人的概念,另一条就是肯定他人的存在,设定各意识之间的一条实在的、超经验的交通渠道。第一条路走向了唯我论,而第二条路将走向形而上学的实在论。

康德和很多康德的继承者们追寻了第二条道路,但用萨特的话来说,承认了他人的存在实际上就是炸开了唯心论的框架。但是即使承认了他人的存在,他人仍然是通过各种表象被认知的,实际上对他人表象的认知仍然无法确定他人的存在,即使两种现象,即对他人的感知现象和他人的内在感觉之间的关系无论多么契合,仍然是一种重建过程,康德极力想摆脱这样的过程。用萨特的话说,"康德曾如此梦寐以求地想摆脱它"。那些表象实际上是同一个原因的两个结果序列,并非一个系列代表愤怒的真理和实在,而另一个则代表它的结果和形象。这样第二条路也被封死了,它将重新导向唯心论,结果同样是一无所获。

探索的思路必须得另辟蹊径,萨特给出了他人实存问题的先决条件:他人,就是别人,即不是我自己的那个自我,把否定当作他人—存在的构成性结构。但是唯心论和实在论共同的先决条件则是一种外在性的否定,实在论通过一种给定了纯粹外在性的空间性的关系将我和他人分离开来,身体就是意识分离的天然边界,"我和他人之间存在一种给出的虚无,一个绝对而被动接受的距离"。唯我论同样需要面对这样的问题,两者都在同样的一个问题上兜圈子,唯我论通过表象认识他人,表象系统仍然是通向他人实存的障碍,一种外在性的空间性依然构成我和他人之间的虚无。唯心论者试图求助于"第三人",但是这种"第三人"的求助并不能从本质上解决问题,这种情况面对的困难仍然是一样的,就是说在这里上帝也帮不上什么忙。因为上帝如果能够作为我和他人存在的证明,他必须同时在我这里作为对我本身的内在否定并在他人那里作为对他人的内在否定,但是他又不应该是我,以便保证他作为见证人的公正,并能在那里又不是他人。萨特开始探寻下一种可能性:一种关于他人实存的实证理论应该同时避免唯我论也不应该求助于上帝,这种理论应该把我和他人之间的原始关系看成内在的否定,这种否定就以他人规定我又以我规定他人的严格意义而言,设定了他和我本身的原始区别。于是后面开始探讨胡塞尔、黑格尔和海德格尔。

上述对他人实存的讨论始终像是在原地踏步,唯我论、实在论都无法突破其固有的障碍,于是19、20世纪的哲学开始进行新的尝试,这时的哲学已经显示出一种在各种意识内部来把握与他人的基本的和超越的联系的努力。萨特首先介绍了胡塞尔的观点,并这样评论道:"他以为只要指出,求助于他人是构成世界的必不可少的条件,就已经达到目的了。"胡塞尔认为,世界就像它对意识表现出来的那样,是单子构成的。他人不仅作为那种具体的和经验的显现,而且作为统一体和丰富的恒常条件面对这世界在场。他人作为他的客观性的真正保证存在于那里,我们的心理—物理的我与世界同时存在,构成世界的一部分并和世界一起归属于现象学还原法之下:

"他人对构成这个我本身显得是必需的,怀疑他人的存在如同怀疑自身的存在,我的我在世界上没有优先权,我的经验自我和他人的经验自我同时出现在世界上,而且一般意义下的'他人'对构成这些'自我'中的任何一个都是必要的。"

萨特肯定了胡塞尔在这一问题上的进步性。但是,"他人"的意义也不可能来自经验或者来自因经验而起作用的类比推理,经验在借鉴了他人的基础上才能得到很好的解说,那么是不是说他人的概念是先验的呢?萨特认为,我的经验自我并不比他人的经验自我更可靠,胡塞尔还是保留了超越的我的这个主体,因此在萨特的眼中胡塞尔和康德的理论就这一问题并无显著的不同。在胡塞尔这里,经验自我之间的平行性已经演变成了超越的主体间的平行性,于是问题的症结就在于超于经验的超越主体的联系问题。如果超越的主体是归向别的主体来构成"作为对象的意识"的总体的,那么实际上意味着他人是作为构成世界的增补的范畴,而不是作为这个世界之外的一个实在存在的存在而存在的。

如果消除了他人超越世界的可能性,胡塞尔马上就会遇到我和他人的那种原则性差别,即每一个人都是内在的存在。达到对他人的认知是不可能的,因为我对他人的认识,并不是他人的自我认识,如果我的认识能够进入到他人的自我认识,那么实际上就是说我和他人达到了内在同一,这样就不会存在我和他人的概念。胡塞尔认为他的理论能够击败唯我论:他人的存在像世界的存在一样可靠——通过将我的心理存在包括在世界中。唯我论对他的回答是:但别的事物也是同样可靠的,世界的存在是以我对它获得的认识来衡量的,对于他人的存在不能是另一个样子。

实际上,因为把存在还原为一系列意识,胡塞尔把我和他人的联系仅建立在认识的基础上,所以最终他仍未能逃离唯我论。萨特接着介绍了黑格尔,认为黑格尔在《精神现象学》中的解释相对于胡塞尔来说要更进一步。黑格尔并没有在我(通过我思被理解的)与他人的单向关系上做文章,而在他定义为"一个在另一个中的自我把握"的相互关系基础之上的。黑格尔的理论实际上意味着,有多个意识是最初的事实,并且这种多属性是以双重的、相互的排斥关系实现的,我思在这里已经不能作为一个出发点,事实上,我思只是由于我为我显现为个体性时才得以产生,并且自我的显现原则上要受到别人的认识的制约。别人的问题远不能从我思出发提出,而是恰恰相反,正是别人的存在才能够让我思成为可能。我对我的把握,也就是"我=我"这个生成的状态,是通过他人才能够建立起来的,他人对于"我=我"或"我是我"这种统一的完成是必不可少的,同样对我作为我自身存在的意识对象必不可少。在黑格尔看来,别人是我通向自身的内在性道路中的一环,但是黑格尔的这种观点能够彻底击溃唯我论吗?萨特看来,黑格尔的天才理论虽然已经前进了一大步,但仍然不是无懈可击的,它仍然无法令人彻底满意。

因为黑格尔的观点仍然没有摆脱唯心论的基础,他的一大套推理最终的结果可以表达为"我知道别人知道我是我本身"。我如何向别人显现,我就是怎样。而且,既然别人像他对我显现的那样,而我的存在依赖于别人,我用以向自己显现的方式就依赖别人用以对我显现的方式。别人对我的认识的价值取决于我对别人的认识的价值,而这实际上意味着我与他人之间的一种非对等的关系,依赖于这种非对等的关系并不能达成自为存在的真理性。

萨特认为问题的症结在于在唯心论那里认识和存在被认为是同一的,这种认识和存在同一的结构会导致诸多问题,于是萨特指出了它可能指引的道路。萨特首先区分了"我是我"这种表述与其《存在与虚无》一书导言中所描述的具体意识之间的本质差别。萨特明确指出，对自我意识的存在不能以认识这个术语来定义。认识开始于反思，但"反映—反映物"的活动不是一对"主体—对象"的活动，反映和反映者的关系全然不是同一性的关系，反映和反映者不能还原为"我是我"。萨特认为意识是一个具体的、自生的存在，而不是一个抽象的、无可辩解的统一性关系，它是自我性的而不是不透明、无用的自我的栖息地，它的存在可以被超越的反思所达到，而且的确存在一种依赖于他人的意识的真理。但这种被反思的真理性是被存在所衡量的，也就是说意识在被认识之前已在那里。这样黑格尔通过他人的内在性循环实际上走向的是我对我存在的认识，而不是认识抽象的真理。

萨特继续指出将存在等同于认识的错误所在，并着重从两点批评黑格尔。首先，我和他人之间存在一种非对等的"主奴"关系，黑格尔同意这种非对称关系的存在，但是他肯定我和他人之间这种非对等关系是相互的，也就是说黑格尔通过这样一种可以被肯定的相互关系能够证明自我意识的普遍性。但萨特认为黑格尔甚至是有意地混淆了客观性和生命的概念，才让这种肯定变得可能。萨特认为黑格尔的根本问题在于，对他人所做的客观性和意识本身的分离（他在《精神现象学》表明了他的观点），别人通过其客观性对我显现为对象，但他人对我显现为对象与对我显现为某个特殊实存的个体并不是一回事，人之所以是对我而言的对象，是因为他是他人而非他以分离的身体—对象的方式显现，否则将重新回到空间化幻觉之中，所以对于萨特而言黑格尔的逻辑出发点就是有问题的。萨特指出：自为是不能被他人认为是自为的。我在他人名义下把握的对象以彻底的异在形式对我显现，所以黑格尔的乐观主义注定是要失败的。还有一个更为明显的错误就是，如果我把自己当成在别人中的对象，实际上就意味着我承认了他人是主体，而这恰恰是从内在性对他人理解的结果，这与他人作为对象的客观性本身是相互矛盾的。

萨特随即批判黑格尔的另一种乐观主义——本体论的乐观主义。对黑格尔来说，真理事实上是对大全的真理，于是黑格尔在讨论的过程中实际上已经脱离了任何特殊意识的角度，他站在大全之中而超脱于诸意识之外，并以一种绝对的观点来考察意识，这样大全本身就成为连接诸意识的中介与桥梁。黑格尔于是关注的是他人和他人之间的意识关系，他自己已经被忘记在大全之中，但萨特没有忘记黑格尔，并指明：如果我的意识的存在完全不能被还原为认识，那么我也不能超越我的存在走向一种我能从之出发同时把我的存在和别人的存在看成一码事的交互的和普遍的关系。黑格尔仿佛并没有注意到这一点，就像他并没有注意到实际上自己已经被放置在一个更高的维度亦即大全上来审视自己与他人以及他人与他人之间的关系问题。萨特正是在这一点上批判黑格尔的，多个意识之间的纷争仍然存在。

那么如何摆脱唯我论呢？萨特进一步指明需要从内在性的我思角度出发，这是唯一可靠的出发点，而且讨论问题的基础必须要改变：我和他人之间的关系是存在与存在的关系，而不是认识与认识的关系，那么从认识的角度理解他人就根本走不出唯我论的牢笼。胡塞尔的错误在于用认识来衡量存在，而黑格尔的错误在于将认识等同于存在。

接下来，萨特开始介绍海德格尔，现在来看一下这个问题在海德格尔这里取得了什么样的进步，又存在哪些问题。萨特指出，海德格尔既不是从笛卡儿我思的角度出发，也不是像黑格尔那样从外部也就是大全的角度出发的，海德格尔的思路属于另一维度：是对自己揭示出来的，他力图通过概念确定其结构的人的实在，就是人自己的结构。萨特用一种直观的经验形象来说明海德格尔的观点：

"不是斗争的形象，而是队的形象。别人和我的意识的原始关系不是你和我，而是我们，而且海德格尔的共在不是一个个体面对别的个体的清楚明白的位置，它不是认识，而是队员和他的队一起隐约的共同存在，许多桨的起落节奏，或舵手的有规则运动使划桨者感到这种存在，要达到共同目标，要超过的木船和快艇，和呈现在视野中的整个世界向他们表露了这种存在。正是在这种共同存在的共同背景上，对我的为死的存在的突然揭示是我在一种绝对的'共同孤独'中突然显现了出来，同时也把别人提高直至这种孤独。"

萨特认为，吸取了前人的成果，海德格尔确立了两个深信不疑的基本出发点：第一，诸种"人的实在"的关系应该是一种存在关系；第二，这种关系应该使诸种"人的实在"在其本质中相互依赖。海德格尔是用"在世的存在"这一术语来刻画人的实在存在的特征的，"在世的存在"又被分解为多个环节，如"世界""在之中"等，而存在被解释为"人的实在是用以成为在世的存在的方式"。海德格尔的理论里，人的实在的存在特征是"共在"，就是"与……一起存在"。在这种共同存在的状态中，我并非是通过认识来发现他人的，我并不是"巧遇"他人，我的存在并非先于他人，并在后来的偶然性中碰到了他人。海德格尔试图通过概念来确定存在的结构，并阐明我对我本身的前本体论理解时，我才把我与他人的共在关系当成我的存在的本质特征,"我发现是与他人的超越的关系构成了我的存在本身,这恰恰是由于我发现是在世的存在衡量着我的人的实在"。萨特指出了海德格尔"共在"的全新意义:他承认他人的存在这一事实,并且他人的存在是自我存在的一个先决条件,他人存在是真切的并和自我之间产生各种联系。这里重要的是他人已经不是对象,他人在其与我的联系中保持为一种人的实在,他用以决定在存在中的我的存在。他人通过"常去"和"居住"等方式,而非"偶然出现"的方式纠缠着世界,他在我的"在世的存在"中规定着我,我和他人的关系不是一种面对面的对立,更像是一种肩并肩的互相依赖。这种肩并肩关系可以这样被解释:如果世界被我当成是一个用来实现我的人的实在性的工具复合体而存在,我就使自己在我的存在中被一个存在规定,这个存在使同一个世界作为为了它的实在的工具复合体而存在。对于海德格尔,存在是人自身的一种可能性,是我使自己存在的一种方式,它如此真实以至于我对我的为他的存在负有责任,这样共在就被剥夺了作为为我存在的纯粹设想出来的旁系性。

海德格尔作为萨特《存在与虚无》这本书中探讨这个问题时最后谈及的作者,虽然他的理论有很大突破,但是能够让萨特彻底感到满意吗?答案显然是否定的,否则萨特不用在此基础上再行讨论了。萨特认为,海德格尔并没有能给我们结论,而只是给出了一种指示。在海德格尔"共在"与"为……存在"的替换中,萨特找不到任何可靠的依据,能够找到的只是一种单纯的肯定。这样共在这种作为海德格尔理论的出发点的基础就松动开来,从而引出一大堆的责问。

人从未分化的基质中,受自由冲动的鼓舞使自身按照一种独有的可能性方式显现出来。用萨特的话说,这样的形式包含着引人注目的诘难:首先,本体论的观点在这里与康德的主体的抽象观点是有联系的。这里要说的是,即使人的实在本身由于本体论结构而共在,就是说它由于本性共在,即使以本质和普遍的名义共在,仍然无法解释任何具体的共在。这样,显现为我的"在世的存在"的结构的本体共同存在完全不能作为一个本体的共在的基础。这一点指责对于海德格尔来说可谓是致命的。因为,这种指责无疑意味着从"我的"存在出发而把握的我的共在只能被认为是一种基于我的存在的纯粹要求,无法构成我对他人存在的证明,我和他人之间的桥梁仍然是隔断的。

萨特进一步批判海德格尔的观点,如果我和抽象的他人的这种本体论关系,正由于一般定义了我与他人的关系,远远无法使我和一个具体的他人的关系变得更容易理解，相反它使我的存在在我的经验中给出的特殊他人的具体联系变得完全不可能了。因为我与他人的关系是先验的，那么就完全消除了与他人关系的可能性。如果像康德那样，以先验的方式统一了经验，那么所谓先验的只有在经验范围内才有效，而将两个具体的"在世的存在"置于关系中并不属于我的经验，因而两者的关系并不属于我的结构中的"共在"的关系。作为我的可能性的先验形式的时间的实存，先验地排除了我与具体存在特性的实体性时间的一切联系。本体论的"共在"的存在随后先验地使一个具体人的实在和本体联系成为不可能。萨特认为海德格尔的超越性是一种自欺的概念，海德格尔试图超越唯心论的努力其实只是唯心论的一种折中形式，萨特称之为一种经验批判主义的心理逻辑主义：

"海德格尔没有脱离唯心主义，他的逝离自我，作为其存在的先验结构本身，像康德对我们的经验的先验条件的反省一样确定地使之孤立起来；事实上人的实在在不可能达到这种逃离自我的限度内发现的，还是自我。逃离自我就是向自我逃离，世界体现为自我与自我之间的距离。因此，《存在与时间》要同时超越一切唯心论和一切实在论的努力是徒劳的。"

唯心论遇到的问题在海德格尔这里仍然存在，他人的存在并非我们经验内的，而且又不属于我的先验性。当海德格尔试图使自我走出孤独状态时他就面对这样的困难。同时，萨特还从对海德格尔的批判中获得了新的收获，那就是他人的实存本质上是一个偶然的、不可还原的事实，人们只能遇到他人，而不能构成他人，即使他人对于我们的显现具有海德格尔所认为的必然性，但是这种必然性也是一种"偶然的必然性"，这种偶然的必然性被解读为我思非要与之工作不可的一类事实必然性。他人的之所以显现，是因为有一种直接的理解，萨特指出：让在相遇中保持了他的人为性的特性，正像我思本身在我自己的思想中保持了它的人为性，并且参与了我思本身的必然性，就是说参与了我思的不可怀疑性。

唯心论受到了几次强烈的攻击，但是它的旗帜仍然树立在那里。萨特是这次漫长的回溯过程所到达的最后一站了，下面就来看看他是怎么做的。萨特能够取得的进展又将有哪些呢？他在前人的基础上，认为他人存在的理论如果有价值的话，这样的理论应该具备必要和充分条件。萨特对该理论的诸条件进行如下描述：

第一，这样的理论不应该提供他人存在的新证明，一种比反对唯我论的证明更为优越的证明。

第二，黑格尔的失败已经揭示出，唯一的可能出发点是笛卡儿的我思。

第三，我思向我们解释的不是作为对象的他人。

第四，以某种方式说，如果问题在于试图对他人做笛卡儿试图对上帝所做的论证，笛卡儿所使用的那种异乎寻常的"通过完满这一观念的证明"是完全由对超越性的直观造成的，那就会迫使我们因把他人理解为他人而放弃我们曾称为外在否定的某种否定类型。

从这几点描述上看，萨特认为他人的结构原则上决定了人和新理论或者新工具都无法肯定或存在的假说，他人不是一种或然的存在，因为或然性只涉及我们自身的经验，但他人的存在并不在我们的经验之内，对他人的认识不可能通过臆测。但新工具和新理论都试图从对象的角度达到他人，这种努力将会是徒劳的。所以萨特只能转向我思，黑格尔的失败对他的这种转向提供了指示，但关键问题在于我思不可以通过臆测或构建的方式达到他人的实存。萨特认为，一种关于实存的理论只应该在我的存在中向我拷问、阐明和确定这一肯定的意义，尤其说明这种可靠性的基础本身，而不是发明一种证明。

那么如何从我思中寻找他人呢，在我思中总是存在对他人的尽管模糊但是还是整体的领会，萨特认为这种"本体论前的"领会包含着一种对他人的本性和他与我的存在的存在关系的理解，这种理解要比人们能在它之外建立的一切理论都更可靠而且更加深刻。我思需要把他人存在的必然性作为事实必然性，才能够确立我们。这样他人实存的我思就和我的我思之间构建起了桥梁并被融为一体。萨特认为这样的桥梁跟先验的结构毫无关系，绝对内在性把我们抛入绝对的超越性。我在我本身的更深处中发现的，不是相信有他人的理由，而是不是我的他人本身。另外，萨特强调对意识的任何抽象概念都不能从比较我的为我本身的存在和我的为他的对象性出发，对"他人"的任何整体化及统一的综合都是不可能的，这是萨特从笛卡儿对上帝证明中所认识到的。

接下来看一下萨特对他人存在的认识。

萨特从这样的事实出发：我看见向我走来的那位妇女，我隔窗听见他唱歌的那个乞丐，对我来说都是对象，这一点毫无疑问。这样的事实意味着他人面对我在唱歌的模式之一是对象性。与他人的对象性关系如果是基本关系，那么意味着他人的实存就是一种臆测。如果我听到的歌声不是乞丐发出的，而是留声机播放的歌声，那么他人的存在就具有了或然性。这种或然性还可以被扩大到无限，如果把看到的人当作一个内部装置完善的机器人的话。那么如果把人当成一种或然性的对象的话,那么我们能够从对象性上将他人归结为什么呢?古典理论将被认知的人归结为某物,并把这里的某物作为其或然性的基础。这有一定的道理,但萨特随后就指出了它的不足,认为它的错误之处在于把他人的对象性归结为一个孤立的存在,一个在可感知的表象背后的意识,就像实体在康德的感觉背后一样。这种归结对于萨特来说是不可能的,他给出的理由是这种归结是指认识之外被给出的,人们以为与他人展现的原始关系就是对象性,这种对象性作用在知觉的意义之上,但这种知觉本身是有问题的,因为它的归结是指向了它本身不同的东西之上。萨特认为,这种知觉所能做的,也就是它的本质属性意味着,对他人的归结并不是指向他人的对象性,而是指向我与他人的意识的最初关系。这样的关系中,他人应该作为主体直接给予了我,尽管这种关系是在我的联系中,这种关系就是基本关系,就是我的为他之在的真正类型。

现在关键问题就落在了这个知觉上,它对他人的归结与认识的对象性归结有哪些不同呢。萨特的知觉的范围试图超越认识,因为认识论视角出发的他人理论将必然落入唯我论的窠臼。那么知觉必须向前回溯到反思状态之前的状态,一种更倾向于身体本身的而非理性思维的对他人的探知。那么萨特对于唯我论的攻击在很大程度上将取决于这种知觉的执行力度,遗憾的是在《存在与虚无》中,这种试图走入前反思的努力并不是很彻底,唯我论的魔咒依然并未消退。

萨特并不具有超越层次的第一人称视角,他是通过"注视"这种带有丰富的感觉以及感性情调的方式来获取他人的实存的。萨特从我出发:我在公园里,离我不远的地方是一块草地,沿着这块草地安放着一些椅子。一个人从椅子旁边走过。萨特就是从这样的一个我的场景出发来探讨他人的存在的。这个我可以把他人看成一个对象同时也可以把他看成一个人。当把他看成一个对象时,他人如同这草地和椅子,是诸种自然事物中的一个,他只不过是一具人体模型。他和所有的自然事物一样,对我与这个世界的关系没有任何影响,他与其他如同椅子和草坪的自然事物一样相加地构成了我周围的工具性组合。但是,如果把他知觉为人,这些关系将被彻底改变。他将变成我的世界中的一道裂缝,从我的世界中把这个宇宙撕裂出去,我不再是这个世界的中心,他和椅子以及草坪之间再也不是线性的相加关系,本来朝向我的对象开始向另一方向逃离,朝向他的方向开始聚合。他人和物质世界的这种关系具有一种完全不同的特殊性,它完整地向我展现,作为一种对象。

然而,这种关系又在另外一个层面逃离了我,它否定了我在这两个外在对象之间建立的作为一种纯粹外在的否定的距离。在这里,我理解的我的天地的诸对象关系被分解。这种分解正是他人作为人而造成的,并不是来自我。世界开始向他逃逸,并体现在一个非我为中心的凝聚迁移。

他人对我来说仍然是一个对象,但是因为他人的出现,世界开始离开我并向他的方向逃离,他人在我这里既呈现了对象性同时又呈现了主体性。那么他人和我的关系是什么样子的呢?萨特将其描述为:如果对象－他人在与世界的联系中被定义为看见我看见的东西的对象,那我与主体－他人的基本关系就应该能归结为我被他人看见的恒常的可能性。正是我作为主体－他人的对象时,我才能够把握他人作为主体－他人的存在,因为我不能是一个对象的对象,他人必须作一彻底的转化使自己脱离客观性。他人规定着宇宙的内在流出的那种世界现象,他是在我本身向对象化的那种流逝中向我展现的主体。我只有作为他人的显现,作为他人的对象,才能够像看待对象那样看待自己。这里,我思具有释放出他人的倾向,通过这种方式萨特将自我指向了他人的本体性。但萨特并没有把这样的一个过程建立在理智性意识基础之上,而是如他对先前的批判中所看到的那样,建立在存在的基础之上,存的诸遭遇使他人成为一个无法还原的事实。

在《存在与虚无》一书中,萨特就是通过这样的方式指出了他人的存在。接下来就是对已经存在的他人的注视,他人在日常生活中通过"注视"的方式,建立了和我之间的基本关系。萨特紧接着对注视进行了详细的阐述,阐述了我与他人之间的原始关系以及这种原始关系所产生的诸多变形:爱情、语言、受虐色情狂、冷漠、情欲、憎恨等等。

到这里基于萨特的对他人理论的介绍已经基本完成,萨特对他者理论的总结无疑是出色的,他的工作无疑为人们清晰地呈现了他人理论的发展脉络,虽然他的语言那样晦涩难懂。萨特的方向无疑具有合理性,将认识与存在分离开来,并将我与他人的关系研究从认识论的藩篱中解脱出来,走向存在关系,在前反思状态下探寻与他人之间的关系,这为后续研究指明了突破口。萨特从第一人称视角出发,并且否定第一人称自我跨层次的超越性,这本身也无疑将他人理论放回到正确的出发点上,但是在萨特的理论构建中仍然能看到认识论的影子。即使换上知觉的名义,并把他人的理论引导至反思前的感性状态,对他人实存的感知仍然意味着某种僭越,它无法突破其理论本身包含的主体－客体的分离,萨特在这部作品中最终还是没有彻底打败唯我论。

即使在后续的作品中,萨特对他者的理论做了一些修正,但是萨特仍然受到主体视角以及内外二分的限制,那些他曾指出的悬而未决的难题仍然存在。对他者理论进行的后续研究,必须绕开认识论为其本身设置的障碍。梅洛·庞蒂通过肉体本身的知觉构建了知觉现象学,他以肉体的知觉来观察主体,试图绕开认识论本身的固有症结。这无疑是一种新的突破,但身体本身的知觉也是能够被作为主体的我所认识到的。我们感兴趣的仍然是认识论角度的他人问题,因此下文仍从萨特开始,继续在认识的层面上进行讨论,看看从信息角度如何呈现他人的难题。

4　信息、他人

　　他人毋庸置疑是存在的，这是不争的事实。没有任何人能够在绝对的孤独中放弃和他人的联系，没有他人甚至连孤独也没有了意义。黑格尔说得没错，我们必须通过他人认识自己。他人的实际存在是被我确知的，现实生活中我们已经通达了他人的实存。基于这样的事实，萨特等人面对的难题无疑是其理论为其自身设置的难题，他们的"我思"是有问题的，他们追求的对他人主体性的认识也是有问题的，无法舍弃的对个人主体性认知的依赖也同样是有问题的。

　　先来看一下这个二元结构的我思，尤其是反思之后的我思。在《信息与存在》一书中，那个蔚蓝天空下的"我"实际上就是我的"我思"，是我对自身以及整个世界警醒的觉悟以及进行关系重新构建的起点，但它本身并不是对我先前30多年生活与学习过程的否定，恰恰相反正是先前的漫长过程才促成了那个蔚蓝天空下的自我。这样，我思本身就是一个拷问系统，它是对世界的拷问的起点。但是很多人把我思当成宇宙和自我的发生起点，于是问题便随即产生，但世界以及自我在这种正规的拷问之前便已存在，而且拷问本身都无法离开先前的影子。不管笛卡儿把这种我思结构的赘余剥离得多么干净，我思仍然逃脱不了先前世界的影子。如果笛卡儿不是生活在基督教世界里，他的我思也不会"推论"出上帝的概念。我思这种结构所蕴含的要比"我思故我在"这句话所包括的多得多。

　　我在我思的结构中早已存在，即使先前没有达到我思结构中如此警醒的程度，但也是它的前身。我思中我的思辨能力是在先前的历史性存在中渐渐习得的，它仍然带着先前的我的影子。在我思的状态下，我试图建立我与自身以及整个世界清晰的理性的联系，这本身就是在语言结构以及理性结构下进行的，所以它终究不是对世界和我的关系的派生，而是一种对先前认知的拷问。我思不是我和宇宙的起点,虽然我不可避免地以我的双眼观察世界,我是我的宇宙的焦点,但在这个过程中我并没有创造宇宙,在我拷问之前宇宙和我已经存在。

我思不是我和世界的起点,而是我以我自主的方式构建自身与自身以及世界关系的起点。从这个意义上说,我的确在这一点开启了崭新的生命,但这是个人存在主义意味的,它代表着从这一刻起,我开始自主地将我的生命收拢起来,我关切生命时间限度内有限的存在和生活。而不是说,我在这一点上,宇宙和我才开始真实存在。我在这个状态下,看到了自身和宇宙的对立、主体和客体的对立,我把我和整个世界隔离开来,并惊奇于自身的存在,为什么我存在,而不是一切都是虚无。世界是否是一个假象,我是否在恶魔制造的幻象中被蒙蔽与戏弄着,所有的这一切都将接受我的拷问,直到我确认最可靠的真实。笛卡儿做的就是这样的第一种拷问,他排除了一切魔鬼可能做手脚的地方,因而发现了"我思故我在"这唯一不会被愚弄的真理。但是笛卡儿忘记了,这种我思是对已有观念的拷问,并且把主体与客体的二元对立当成了起点,并试图从中派生出宇宙以及自我来,于是我思就成了一种诅咒,成了难以逾越的藩篱。

对于笛卡儿的我思来说,魔鬼并不是笛卡儿真正的敌人,相反它一直在帮助笛卡儿,因为是这个假想的魔鬼在笛卡儿的我思中制造了一个隐藏得极好的他者,一个不同于笛卡儿的在我思结构中的另外一个主体,表面上魔鬼在和笛卡儿作对,想方设法地制造一堆幻想和障碍,但恰恰是这个敌人让笛卡儿的我思过程变得简单。魔鬼制造了幻象,因而这个客观世界就从我的责任中摆脱了,即使我的存在是不可怀疑的,但笛卡儿无法否定的还有客观世界的存在,无论这个客观世界是什么样的,是变化多端还是固定不变的,是一种表象还是彻底的真实,它都是存在的。

回到笛卡儿的我思,我能从这个结构中得到什么呢？如果从信息的理论与视角出发我将得到什么呢？首先,我的存在是能够被肯定的,就像是笛卡儿所论证的那样,我在我思结构中的存在是明确的毋庸置疑的。但是我是我思这个结构中宇宙的创世的光芒吗,如果这宇宙都是由我发出的,那我和我的宇宙就是一体,我和这个宇宙之间就不可能以任何样态被展现出来。信息发生于联系,联系必须在两个实体中进行,如果我的身外不存在任何和我区分开的实体,那么我就不可能建立联系,也就是我不可能产生我思的结构。因为我和我是一体,在我和我之间建立任何联系都毫无必要,同时在完全同一的存在内部建立联系也是不可能的。但摆在面前的,使我感到困惑的就是我思,所以在我思这个结构中必然存在不同于我本身的实体存在。因为只有有了其他的实体,我才能借此产生我思,才使这种结构成为可能。原则上我可以把不同于我的那个实体推广到两种存在方式上,一个是笛卡儿设想的魔鬼,或者也可以用神或者上帝来称呼它,它只是表征了一种超越我的主体性的存在;另一种实体就是客观世界本身,就是我眼睛里看到的外部世界,它们只是单纯的自然物。神或者魔鬼因为能够把握我的主体性,所以它们的确能够让我内部展现出我思的结构,也就是不需要任何自然客体的存在就能够让我展示出我的宇宙,比如我在花园中散步,我躺在巨石上享受日光浴。但这一切都发源于我,这一切只不过是神所制造的反响。但问题是对于神来说,我思的结构同样可以成为它的困扰。在这种假设下,我思的结构只是被转移到了神那里,而并没有被真正地解决。那么我对在我之外的自然客体的肯定就是唯一的选择,在我之外必然存在自然世界,就像我在生活中知道的那样。宇宙的光明并不是由一个人发出的光所照亮的,即使整个人类也没有资格这样做。

经过这样的一番讨论,确认了自然物的存在,这个探讨过程本身就是一种对前我思状态尝试的拷问。其过程本身也是通过语言、理性以及思辨对知觉的拷问。我思这个结构本身就是演变而来的,任何人不是一生下来就是以我思的结果存在的,这种结构并没有产生出我或者任何自然物来,它只不过是对知觉结构的深刻洞悉以及论证,人的生活意义或者价值可以由此而来,但世界以及人本身并不是由此而来。它是自主生活,理性审视,自我存在价值构造的开始,但不是世界的开始,它的目的在于确认而非产生。但它的确产生了类似感觉,我在《信息的演化》一书中同样遇到了把它当成一种产生起点的困难,贝克莱以及从这样的结构中探求他者问题的学者中都遇到了这样的困难,即使萨特看到这个结构本身的问题,也仍未能真正从中解脱。

如果这个结构意味着理性的审视与拷问的话,那么拷问本身就是通过思辨、理性以及语言的方式进行的,这样拷问过程本身就意味着某种缩水,因此这种结构无法彻底地通达人以及宇宙的实在。因为宇宙和人之间的关联并非仅仅是个体视角的、语言的或者理性思辨的。宇宙和人之间的联系甚至比更为宽泛的人的知觉还要宽泛得多。所以我思这种结构只能在一定程度上揭示人和宇宙的关系,对于人和宇宙之间的真实关系揭示得还远远不够。

我思结构中的我并不是我的起点,如果把这个结构中的我当作起点实际上就已经割断了我的历史性。我思结构中的我并不是像它作为纯粹主体那样单纯,这个我已经具备了一定的能力,这个能力是在反思前的状态中逐渐形成的。反思中的我至少能够理性而明确地将自身和外界区分开来,它总是抱着这种自身与外界严格分离的视角来审视自身与世界。但这种区分并不是原初的状态,原初的状态恰恰是两者含混在一起,之所以能够分开,是我——那个历史性的我不断成长的结果。我能够有意识地、以觉醒者的身份来审视自身和世界,说明我已经具备了一定的认知能力,说明我已经能够从我所成长的淤泥般的诸联系(包括了黑格尔所洞见的我与他人之间的联系)中摆脱出来,并开始重新审视和建立这种联系。这种反思指向的并不是万物的生成,而是自身的存在、自身的生死以及自身的意义。

所以,我思结构包含的内容要比"我思故我在"多得多。但主体—客体区分的清晰性以及表面上带有的原始性,让很多人将其当作自身以及宇宙产生的起点,而不是一种拷问和审视的起点。这样我就不知不觉走入了这种结构的封印,就像《信息的演化》一书中所探讨过的那样,它会束缚人们的思维,仿佛未经其拷问的世界就是不存在、不可信一样,于是我被困在我之中。但事实不是这样的,人不可能被束缚在这种结构中,否则人的认识就不可能达到今天这样,我总是循着各种事物之间的联系发现时空更深处的真实,世界通过信息的方式流向我,我通过信息发现宇宙更为广泛的真实。这样我通过外界传递来的信息走向我以外的世界,超越我思所能囊括的有限边界。

对个人主体的依赖是我思结构的后遗症,对主体的依赖就是在建立自身与外界的关系时始终从我思的二元结构出发,萨特就是从这一起点去探索他者现象的,他人是我的对象,但是作为另一种方式亦即人的方式存在却把我的世界撕裂,但是只要仍从我的主体出发,这种认识就是值得怀疑的,这种撕裂与其说是他人的存在造成的,还不如说是我自己造成的,我的主体性在向他者的主体性迈进过程中仍然是一种僭越,即使通过知觉的方式也是如此。自我的确是我将这个世界收摄成被感知的存在的焦点,正如我用我的眼睛照亮这个世界一样。但是这并不意味着我用这样的方式创造着世界,也不意味着我必须被封印在我的这样的焦点之中。他人也可以照亮世界,这一点毋庸置疑,正如我所知道的那样,我的智力足以让我理解他人看待世界的方式,感同身受地体会他人从世界中获得的感受。但这些都不是我对他者的主体性认知,事实上从第一人称视角出发对他人如同对自身的那种主体性认知是不可能的,否则我和他人就不可能分开,我们就是一个人了。所以这里出问题的不是他人,也不是我以第一人称看待世界的方式,而是我对他人从主体性角度认识的过高要求，这种程度的通达本身就是不可能的。

世界是以信息的角度向我揭示的，而信息是物质世界与我联系的一小部分，因而我永远无法真正建立对客观世界的彻底的、明晰的、完全的认识。别说我对他者的主体性认识要求本身，即使是最简单的真实的自然对象，如一滴水，我对它的认识也不能达到主体性的要求。主体性的认知是单纯的我思二元结构的一厢情愿，是一种理想状态，而在现实中却不可能。量子力学的基本常识告诉我们，与经典物理学不同，物质在极小的时空范围内位置和速度是不可能同时确知的，我们不可能像确知一颗桌球的运动状态那样确知电子的运动状态，事实上我们不知道电子到底是什么样子。就像我在《信息与存在》一书中所提到的普朗克时间以及普朗克尺度一样，世界的真实始终与我们隔离着。我们对外界的认识始终是通过信息的方式，也就是我们对外界的认识始终是不完全的。对于他者的认识也是这样，我们永远也不可能以第一人称的方式像认识自己那样认识他人，他人真的就是一架设计完善的机器，就像萨特打的比方一样，因为现代医学告诉我们没有任何两个人大脑的神经连接结构是一样的，每个人都是独一无二的，每个人的思维方式以及内容也都是独一无二的。但这不意味着他人的实存是无法确知的，也不意味着他人的认知是不可通达的，这种通达本身恰恰就是建立在两者不同的基础之上的，如果他者本身是第一人称主体性可认知的，那么他者的存在就毫无意义，也就是说在这样的状态下根本就不存在他者。

虽然不能从主体性的角度认识他者，但是这并不妨碍去确定他者的真实存在。如同在普朗克尺度以内任何外界物质的真实情况都是无法被确切地以及彻底地认知的，但这并不妨碍去认识客观事物以及确定客观事物本身的存在。我通过信息来认识我以外的外界事物，他者传递给我的信息本身就是对外界事物全部秘密的最粗略最细微而片面的剪辑。我并不要求在外界全部细节的水平上认识事物，天花板上的节能灯泡之所以是灯泡并不在于我知道它如何将电流有节制地转换为光亮，我只知道它在接通电源的情况下能够发出光就足够了。事实上，人们就是在对功能、属性、外观等等信息的综合之后来认识事物的，而不是直接诉诸事物内在的全部细节。这里并不是把人们带向不可知论，而只是明确人们更为真实的认知情况，以便在人类目前的认知水平上，更好地认识自身与世界的关系。

从信息的角度出发如何理解他人的实存问题呢？这里需要对我前两部作品中的内容进行简单的回顾，但首先要确定一下回顾历程起点。

我思是一种拷问的起点，前文中对我思状态进行了分析，并对外界事物重新进行了一番拷问。按照逻辑，我思状态不仅能确定我作为主体的存在，还能够确定除我之外其他存在物的存在，虽然外在存在物以片面的信息的方式呈现在我面前。外部实在是在人们自身之外而存在的，而且人们能够发现它们的规律。正是凭借这些认识人们能够走出我思起点状态的封印。在《信息的演化》一书中，宇宙学的引入让人们的视野远远地跨过了生命以及历史的有限范畴，甚至延伸到宇宙大爆炸的最初时刻，这是人们目前的主客观对立状态下能够迫使宇宙表露出的最早的信息，也就是从那一时刻起，人们开始探讨整个信息的历史，以及人类的历史。

世界从最初的粒子开始演化，世界上只存在物质层面的联系状态。在宇宙持续的降温过程中，氢原子开始产生，在引力的作用下氢元素开始汇聚，当氢元素聚集到一定质量时，强大的引力迫使核聚变过程的发生，恒星开始照亮宇宙。当它们燃烧殆尽的时候，发生的巨大坍缩以及爆炸过程产生了重核原子，这些物质在茫茫的宇宙中慢慢聚集，并最终形成了行星。我们的地球就是这样的行星中的一颗，它既普通又不普通，在其诸多条件达到一种完美的组合后，一场生命的大戏在这里上演。然而，在生命出现以前，宇宙中诸物质之间的联系都是普通而平庸的，它们遵循着这个宇宙的物理规律，毫无目的与意义地横冲直撞。这种单纯的物质层面的联系是平庸的，直到这个宇宙中出现了生命，于是联系本身开始有了层次，有了目的、意义以及价值，而人类的出现则让这种联系的层次迈向了一种全新的高度。

我们把这种联系的层次看成是涌现的结果，这种涌现的过程经历了漫长的时期，在这个漫长的时期里物质间的联系渐渐变得复杂，尤其是高层次的联系已经不仅仅只是联系，而被称为信息、知识甚至智慧。先前的著作中，将人的认知体系分为了三个层次：信息层、知识层和智慧层，我们也正是从这个角度来认识人的本质的。沿着宇宙中存在的联系的广袤沙漠，一开始所有的联系模式都是单纯的物理性的，直到在动物以及人这里，我们能够发现联系的不同层次，我们在生命现象中发现了它们对于物质世界本身的逃离，它们在自身内部建立了与物质世界层次化的复杂的联系系统，我们无法看清它们内部的处理过程，但是却能感知这种处理系统的层次结构。它们处理联系的细节无法在我的内心深处显现，但是其具体过程所蕴含于其中的模式结构却能够被我所感知。我的三层次结构是有能力分析出他者存在的三层次结构的，这是因为我的认知体系有足够的能力处理我和他人之间关系，并把他人的结构映像在我的大脑里，两个认知结构之间也能够相互映像。这就是说，我和他人能够在认知结构的方面相互确认，虽然我们不知道彼此思维、智慧层以及知识层所包含的细节。事实上，也正是因为我们包含不同的内容才让彼此间的交流具有可能性和必要性。我们对他人的认识同样不是过分要求的主体性的认识，而是基于信息的认识，基于对认知结构以及所带有的特征的认同。

这里对他者问题的分析还没有结束，让我们再次从我思的二元结构起点出发来探讨这样的过程。从我思探索他者，如同从我思探索宇宙的起源，两者的共同之处在于：人们只能不断地接近它们的本质，但是却不可能彻底地确知。关于他者以及宇宙的起源，都是建立在一个信念或者是假设的基础上，然后人们不断去肯定这一信念的过程。宇宙学就是建立在一些基本的假设基础之上的，这些假设将人们的认知向前回溯到大爆炸的初始时刻，人们据此推论出的诸多相关现象也已经得到观测的证实，但是这些都仅仅是对一种理论的肯定，谁也不能让宇宙大爆炸作为一种可被观测的实验现象再次发生。所以人们只能在模型和信念的层次上把握宇宙的起源，而不是通过直观的观察的方式来认识它。这样因为缺乏可重复的操作性验证，人们对这个理论所要揭示的事实就不是百分之百确定的，如果所有的观察都符合基于该理论的假设，只能说明人们正在无限地接近真实，无限接近意味着相等，但人们所要明确的是，这是无限接近的相等。

他人的问题也是这样，他者在我们对其进行彻底的拷问之前，已经被我们认为是不争的事实。是我思的拷问让这种不争的事实变成了一道不可逾越的鸿沟，也让所有的拷问环节都变成了向着先前所认为的真实的无限接近过程。但这个拷问过程要比对宇宙起源的拷问宽松得多了，因为它出现在我们每天的生活中，我们在内心深处把他者当成不争的事实，如果没有这样的事实我们将失去自身存在的基础。只有在我思的纠结状态下才会把他者的问题当成一种拷问，从这个拷问开始，他者的存在就变得遥不可及，那曾经确信无疑的真实的他者就变成了一种先入为主的信念，我们从未明辨这种事实与信念间的含混，直到我们开始用我思拷问它。可当我们放下思考转头回到现实生活，我们绝不会把他者的事实存在当作理论上能够被哪怕只有一丝怀疑的信念，心灵也绝不会浪费一丁点儿的能量来思考这个不必要的问题，除非这一事实被无意间证否。

除我之外其他存在物的真实存在是确定无疑的，也是经过我思状态严格拷问的。并且可以完全利用他人已经发现的物质世界的规律将自我的视野延伸，这个过程中他人可以被忽略掉，因为他人发现的物质世界的规律完全可以由我自身验证,也就是他人作为中介完全可以从我与物质世界的对立中剥离出去。这种延伸让我能够摆脱我思状态的自我禁锢,走出生死的边界,走向万物的起源。在先前的著作中,我们是借用宇宙学和进化论来实现我思状态的超越的。宇宙在 10^{-43} 秒后变成理论可达,那个时候宇宙只是体现为能量和物质的杂乱混合,物质之间的联系是平庸的。大约 50 亿年以前,照亮我们世界的太阳诞生,约 4 亿年后地球也产生了。地球极佳的环境孕育了生命,特别是人类的出现让宇宙中诸存在之间的联系变得异常复杂,这是在人类这里宇宙才体现出智能层面的联系。

我们就是从宇宙荒芜的联系中走来,即使不从生物学角度考虑我们也是一直生活在他者构成的环境之中。在前反思状态,甚至从刚懂事时起,我们就已经知道他人的存在,除了父母这样围绕着我们的世界的那些人外,路上的陌生人也是真实存在的。随着不断接受来自家庭以及社会的教育,我们知道要按照什么样的原则来对待他人,他人不仅和我同样拥有血肉,还同样拥有自由与尊严。这意味着在我与他人的交往中必须明确我的行动的边界,我必须把他者当成和自己一样的人来对待。这样世界上的存在物就包括了两种,一种是自然存在物,另一种就是他人。自然物之间的联系是平庸的,它们被人所聚集,人在与之交互的过程中成了核心,它们向人体现出不同的意义。但是他者本身就是意义的创造者,外物向我体现出意义的过程中我也向他人体现出了意义。他人也是这个平庸的物质世界的核心,他们构成了我自由的边界,对待他人必须像对待自己一样,这是在成长的过程中所习得的。

在我以外的外部存在中,他者的存在对我呈现出了另一种完全不同的联系模式,这种模式是我必须把他者当作人的存在才能解释清楚的,即使无法从主体性的视角来认识他人,他人对我来说也是一种真实的存在。在前反思状态这是无须争辩的,就连动物也能在这样的信息模式中体会他者的存在。对于他者的认知仿佛已经被记录在 DNA(脱氧核糖核酸)中。黑猩猩的社会道德是建立在对他者存在的肯定基础之上的,这种对存在的肯定无须经过我思的拷问,它本身就是一种我们生存的事实。对他人的存在事实表示怀疑就如同对整个所处的宇宙表示怀疑一样。

但我思仍然保有对他者进行怀疑的权利,这是因为我们总是要求从主体性的角度来认识他者的存在,但这是不可能的,这本身就是一种具有僭越性的无理的要求,而且主体性对他者的认知本身就是对他者的否定。他者的存在是首先被我们认可了的，我们有理由怀疑他者的真实存在，但既然一生中都无法证否他者的存在，那么这本身就意味着他者的真实，至少是经得起我们认可拷问的无限接近的真实。

事实上，我们完全可以通过语言和交流来了解他人的内在，了解他人的性格以及情感、性格以及灵魂，了解他人认知体系的结构。这种交流以及切实的相处已经足够让我们确定他者的存在，他者的真实存在完全可以在切实的相互交往中被确认，而且只有这样我们才能够确知他者的本质。按照我们的理论，人的本质是信息性的，这就是说他人之所以是他人至少包括了我们在认知体系不同层次上交互的可能性。这样即使一个人他天生长得如同古埃及的兽首人身的神一样，我们也必须把他当成一个人来对待。因为他完全和人具有同样的道德感觉、同样的情感、同样的自由。同样，如果人工智能真的能够创造出仿真机器人来，那么我们也必须把机器人当成人一样看待，我们会在它（姑且暂时使用这个称谓的它）面前感到羞耻，感到萨特所说的被注视。事实上，其他人本身可以说是一个完善的机器人，正如我们前面提到过，每个人的大脑结构都是不一样的，就像世界上没有两片完全一样的树叶那样，世界上也没有两个人大脑的神经结构是一样的。但我们绝不会从这种差别上去看待人的实在，从本质上我们是从认知结构、情感模式以及价值观念等等那些体现着和我们共同具有的人性特点上来看待他人的。这样如果一个机器人被赋予了人的灵魂，即使它长了一张铁皮脸，我们仍会把它当作他人对待。一只跟人类一样具有三层认知结构却被赋予了人性的猫也同样是人，同样具有人的尊严。就跟科幻电影里出现的稀奇古怪的角色一样，《银河护卫队》里的火箭浣熊出现在生活中我们是把它当作人还是动物呢？

他人对于我来说是一个由外在与内在传递来的综合信息的发出者，这些信息无疑都表征着他是作为一个人的真实存在。即使在生活的经验中他人的存在无比真实，但原则上我们仍然可以怀疑他，就像我们仍然可以怀疑越来越值得信赖的宇宙起源理论一样。但生活中，我们对他人并不具有如此谨慎的态度，他人总是被作为不争的事实那样一直出现在我们的环境里。黑格尔没有错，是他人才让我成了我，我必须通过他人建立我与自我的联系。这种指向自我的循环的建立已经在先前的著作中描述过。如果没有与外界的交互，智慧层就不能重新指向自我，而他人则帮助我们更好地完成了这一任务。如果世界不是被他人从我的唯我独尊的状态中撕裂出去，如果他人不是以跟我一样的身份限制了我的自由，如果不是他人的世界跟我的世界的冲撞,我的认知结构终将退化,智慧层与知识层终将瓦解,我将沦落成一个空无的王者、一个可悲的机器。

正是由于他者作为独立于主体性我的他者,作为平衡了我的世界的另外的宇宙的极,我才不会感到孤独。我的孤独根源并不在于他者可否被我主体性到达,而是来自我和他者能否在人的层面上进行交互。这种交互当然包括了认知结构的三个层次,自然也包括不同的方式。他人在横向上构成了社会,在纵向上构成了历史,在这两个方向我们都具有可以与他者联系的方式。因而,我们并不是孤独的,至少我们并不在孤独的环境之中。孤独是在将自我指向自身的过程中产生的,每个人都独立地生活在自己的生与死之间,都作为茫茫宇宙中的一个将世界聚集到自身的有限生命的焦点。

到这里关于他者的讨论该告一段落了,无论愿意与否,我们都生活在由他者构成的社会与历史中,是他者构成了我们存在的现实环境。与他者共同存在是我们探讨的新起点,我们将在此基础上延续信息存在者的理想,构筑新的存在时空。

但是在开始新的征程之前,还需要对个体的认知结构进行一些补充,因为尚待揭示的部分在很大程度上决定了我与我自身以及他者之间的关系。它们又是那样的潜移默化、暗涛汹涌,以至于不可能被忽视。但在这之前,这一部分并没有受到应有的重视,这是我曾试图谈及却始终未着笔墨的部分,先前留下的遗憾需要在这里弥补一下了。

5 冰　　山

　　1912年4月14日,一个风平浪静的夜晚,泰坦尼克号正以接近最高设计航速的速度前进。风平浪静对于航行来说并不总是好事,因为这里可能隐藏了冰山的存在。也许天意使然,泰坦尼克号上唯一的双通望远镜被二副锁在了柜子里,而那位二副和柜子的钥匙都没有上船。当泰坦尼克号的船员凭肉眼发现远处冰山的黑影时,他们的命运基本上已经无法改变了。引擎刹车、左满舵、螺旋桨倒车等等,这些举措都已无济于事,短短的37秒就是从船员看到冰山的那一刻到右舷撞击冰山时经历的时间。

　　对于航行来说,冰山的可怕在于它那沉没于海平面下的暗黑力量,在于隐藏在已知背后的巨大未知。冰的密度比水小,但是两者又十分接近,这意味着冰山的绝大部分都沉没在海平面之下。冰山本身带有的意象常被借用到心理学中,心理学的冰山理论多用来表征那些绝大部分处于隐藏状态的整体结构,弗洛伊德把人格比作冰山,因为有意识的人格只是其整个人格的一小部分,无意识的人格则像隐藏在海平面下的冰山一样隐藏在背后,而恰恰是无意识的人格在很大程度上决定着人的行为和发展。那么我们的三层次认知结构是否也像冰山一样,可以分为显现的和隐藏的部分呢?毋庸置疑,答案是肯定的。我们对于身体和外部世界以及身体内部所包括的无限多的联系是知之甚少的,图1形象地展示了这一情况。

　　我们是从联系的角度来看待整个宇宙的,人只不过是包含了这个宇宙中最为复杂联系的结构,这些无限多样而又复杂的联系被分为了三个层次。这种划分是基于信息视角的,只考虑到联系的层次结构,而没有考虑到联系的内容,因而它具有更大的普适性。还记得我们曾认为具有更高等智慧的外星人也符合这样的层级结构吗?如果没有人类,整个宇宙内的联系都是物质性的,是由物理规律支配的单

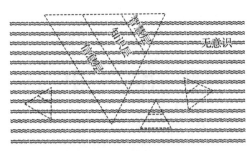

已知和未知的认知结构

图 1

纯世界,物质间的联系混乱而平庸,宛如贫瘠的广袤沙漠。但是有了生命特别是智慧生命的出现,整个宇宙所包含的联系顿时涌现出了不同的层次,宇宙中存在的无限联系也出现了分野,既有意识的也有无意识的。就像图1中所展示的那样,无意识的联系沉没于其下,主宰着浩瀚无穷的宇宙,而有意识的联系是由人类这样的拥有高度智慧的生命形态所创造的,人类浩瀚而璀璨的文明就在这样的世界里熠熠发光。

这个世界并不是先天的,它来自无意识,但它所包含的崇高与美好如同浩瀚的天宇中一轮耀眼的太阳,照耀在黑暗的无意识的大海之上,于是宇宙就有了灵魂,宇宙就真正拥有了光明。两者代表了全部联系的宇宙,芸芸众生就在这样的宇宙中生活,绝大部分生命都生活在无意识的海洋深处,而只有人类能够将自身的认知结构稍稍浮出海面,伸向有意识的天空。但就像漂浮在海面的冰山一样,其大部分还是沉没在无意识的海洋之中。冰山有十分之九是沉没在海面下的,但是对于人类的认知结构来说,这个比例还远远不够。大部分人的认知以及行为都是处于无意识状态的,而真正有意识的部分则占极其微小的一部分。其实,人一生中的大部分生活状态是无意识的,而只有一小部分是有意识的、理性的、明晰的。

只包括两层认知结构的其他动物基本上生活于晦暗的无意识海底深处,人类也曾经在这样的黑暗中度过了极为漫长的岁月。但幸运的是人类的大脑在进化过程中得到了充分的发展,于是人的认知结构渐渐出现了知识层,知识层的产生极大地丰富了人的智慧层,最终让人类彻底与其他动物分离开来。在我们已知的生命形态中,人类是唯一将认知明确地伸向有意识的联系世界的。人的认知结构就是有意识和无意识世界的联系中介，它漂浮在无意识海洋的表面，三个层次中每一个层次的主要部分都沉没于海面之下。事实上，我们能明确感知的认知结构中的联系是非常有限的，而那些我们未知的部分在很大程度上以一种我们不知道的方式影响着我们，如果我们能够挖掘这些隐藏的内容，那么我们将会对自己有更为清晰的认识，也能发现隐藏在宇宙以及人类自身背后的更多秘密。

需要补充的是有意识和无意识之间的界限并不像图1中那样清晰明确，两者之间存在一条模糊的过渡带，就像弗洛伊德的潜意识所表达的那样。某些高等动物也许更接近这样的层面，但只有人类才真正把认知结构伸向有意识的天空。人的认知结构的每一个层次都有一部分浮出海面，也都把绝大部分沉没到无意识的海平面之下。

信息层的全部内容与活动只有极其微小的部分被我们所意识，走路的时候、开车的时候，以及在球类运动的激烈对抗等等过程中，没有人会有意识地关注手和脚的具体动作。信息层的一切行为其本身都是为了更高的智慧层服务的，信息层所涉及的无限烦琐的细节对于更高的层次来说毫无意义，因为它的绝大部分内容本身就应该是被隐藏的。但那些沉没在海平面以下的部分，一些是出于先天的合理设计，而有些则是因为生物体结构的自然缺陷。可以从以下方面来揭示这种被隐藏的原因：

第一，感官本身的局限。人是通过具体的感官来认识世界的，不管现在的科学技术如何延伸人类的感知范畴，但始终是把这些延伸转化到感官的可接受范围之内。我们不可能像蜜蜂一样直接看到紫外线构成的色彩世界，也不可能像蝙蝠一样直接听到超声波的回音，更不可能直接感知到放射源的辐射。所有对认知边界的扩展最终都要回到人类感官所把守的大门，视觉、听觉、嗅觉、味觉、触觉在根本上垄断和负责了主体和外界的连接。但我们知道并不是人和外界所有的联系都需要通过感官的大门，人和世界的联系远远不止感官所揭示的那么多。作为物质性的存在，我们和万事万物都存在联系，万有引力就是这些无限丰富的联系中的一种。我们沉浸在宇宙微波背景辐射的海洋之中，暴露在太阳中微子的辐射之下，但我们对这些都浑然不知。这些仅仅是物质层面的，精神层面的作用也许同样如此，人和宇宙之间也许像神秘主义者所相信的那样存在着我们不得而知的精神联系。这都是因为人类的感官本身是存在局限的，它们尚无法处理人与外界的广泛联系，感官所获取的信息可能仅仅占人与外界全部联系的极微小的一部分。如果我们的感官远远超过视觉、听觉、嗅觉、触觉、味觉的限制，以我们想象不到的方式处理这个世界和人类自身的联系，那么我们也许能够看见完全不同的宇宙，也许能够建立一套全新的科学，并颠覆人类已有的全部认知。

  第二，感知过程的局限。我们的感知过程会受到很多因素的影响，比如情绪、环境等等，这就意味着感知过程本身也存在着诸多局限。人通过感官获取外界的信息时，即使某些联系是能够被感官所直接捕捉到的，但仍被我们的注意力所忽略。当我们坐在咖啡厅认真地阅读一本书的时候，周围人的谈话声以及嘈杂声都不会对我们造成影响，但这些声音是被我们的耳朵听到了的，它们也许对我们来说包含了极有价值的信息，但却被注意力所忽略。听觉如此，其他感觉同样如是，为了不被信息的洪流所淹没，人类的注意力和感官会自动忽略大量的无用信息，从而只聚焦在某些重要信息上。于是很多已被接收到的信息却被安置在无意识的海平面之下，它们在晦暗的角落中存在着，其中很大一部分将被彻底遗忘。不过，也许这些被淹没的信息中包含了某些极为重要的价值，它们很可能在未来某些不经意的瞬间被重新挖掘。

  我的前两部作品其创作的冲动以及书中的某些基本想法，都是在驾车时产生的。当远方的美景映入眼帘时我总会情不自禁地展开遐想，脑海中会浮现很多美妙的想法，也会不知不觉地构思想要完成的著作。这时，来自这些想象的幸福感会让我忘记自己正在高速公路上驾驶汽车。我知道这并不危险，因为我始终在盯着前方的路，每一个弯道以及每一个身边经过的车辆都能引起我的警觉，但是我就是不必在乎如何驾驶，不必在乎驾车的具体细节。我们在走路以及运动过程中都是这样，那些信息层行为会被压缩到无意识领域，我们无须关注这些行动的具体内容，它们整个过程都是被压制到无意识领域的。

  也许这些活动的具体细节对我们来说并不重要，忽视它们的过程以及细节对于生命体来说是一种合理以及高效的方式，能够有益于把注意力集中到更为重要的目标之上。但如果我们能够把感知伸向活动过程的每一个具体细节，也许能够帮助我们更好地调整身体的动作，并对外界做出更为有效的反应。我们是从物理世界的广泛联系中脱离出来的，信息层的所有内容原则上都可以还原为物理层面的联系，假设对这些物理层面的联系有着极为深刻的认知，那么我们将在难以想象的精确程度上认识以及控制自身和外界的联系过程，显然也会更清晰地认识自己。

第三，内感知的局限。信息层的职责主要是负责自身与外界的联系，它把自身作为一个整体，其关注点是这个整体和外界之间的联系，因而它对整体内部的感知就被忽略。感官不会告诉身体内部发生了什么，除非疼痛等信号提示某些内部组织的存在，否则身体对于感官来说是透明的。身体本身同样可以作为智慧层的对象，而且是非常重要的对象，它是人存在的物质基础，来自身体内部的信息在很大程度上决定了智慧层的活动过程。但是我们对于它们的感知却远远不够。

身体内部物质层面的联系是信息层活动的基础，所有身体内部的联系最终都能够被还原为物理联系，如果我们能够对身体内部的物理信号明察秋毫，那么我们就能够成为自己的健康监督员，能够充分意识到身体的细微变化，并根据这些细微的变化进行健康方面的保养。但可惜的是我们对自身内在的感觉十分有限，只有病变到一定程度的时候才能引起内在的感觉。这些内在的联系同样是信息层的内容，只不过这些内容几乎全部被淹没。但这些联系关系着我们的生命，也关系我们的心理过程，它们是我们一切活动的基础。即使通过现代的科学仪器能够对身体内部的信息略知一二，但身体内部仍隐藏着无限的秘密，身体的奇妙感觉有些是转瞬即逝的，甚至我们不知道这种感觉发生在哪个地方。也有些感觉是我们根本无法用语言来描述的，它们都是那些被深埋在海平面以下的信息层部分激起的反应。它们相对于外界的信息来说，对我们具有无法估量的价值。如果我们每个人都能够有丰富而发达的感觉器官来认识自己，那么也许我们将不会因为疾病而死去。我们能够观察到身体的成长，能够观察到身体的老化，从而更好地认识整个生命，如同圣人般淡定而从容。

正是由于以上三方面的原因，信息层大部分内容都是被隐藏在无意识的海面之下的，这些被淹没的部分想必要远远超过显现于海平面之上的冰山。这也许就是信息层本身的宿命，它虽然负责着世界以什么样的真实呈现给我们，但它只是基础并非人存在的目的本身，所以它的大部分内容被掩藏或者封装起来。这样的处理方式对于存在来说也许是逼不得已的也是最经济性的选择，但我们知道，很多极为有价值的信息也被掩盖了。就像前面提到的，如果能够发现这些有用的信息，那么我们对自身以及宇宙的认知也许将彻底改变。

知识层也有很大一部分是淹没于无意识的海面之下的，这一点早已被认识到。1958年迈克尔·波兰尼提出了隐性知识的概念，他认为人类的知识可以被分为两种：一种可以通过书面文字、图表以及数学公式等方式加以描述，这部分知识被称作显性知识；另一种无法以这样明确的方式加以描述，被称为隐性知识。如果说显性知识对应的是理性和逻辑，那么隐性知识对应的则是直觉和悟性。在日常生活中，隐性知识在极大的程度上决定了我们的决策。甚至整个人生的存在本身基本上都是由隐性知识所决定的。显性知识对应的是有意识的知识学习过程，而隐性知识对应的则是无意识的学习过程。但这部分隐性知识的内隐学习进程是极为重要的，人与外部环境的纷繁联系过程中，隐性知识关乎人和宇宙以及自身的根本观念，关乎信仰和价值，就像迈克尔·波兰尼所发现的那样，信仰的因素是知识的隐性部分所固有的。如果说明确而显性的知识关乎人与其他对象的关系，更像是一种工具的话，那么隐性知识则更关乎于自我以及生命本身，是智慧层不断提升的一种手段。

我们的理论是把人看作联系的系统，人所包含的联系是无限多样与复杂的，它连接着我们所知宇宙间的一切。但这些浩如烟海的联系能够被意识所揭示的部分极其微小，即使我们不知道这些联系的细节，但它们仍然在巧妙地运行着。事实上，除了人这样的智慧生命外，其他动物都生活在无意识的海面之下，它们自然生长，体内所有的联系都在有规律地自动进行。人类有幸能够拥有意识，并能将某些联系从无知的深渊中挖掘出来。信息层如此，知识层也同样如此。内隐学习过程的存在已经被心理学家们所证明，内隐学习过程实际上证明了认知结构中某些特殊联系模式的存在，但这些联系是我们自己所不知道的。这些不为我们所知的联系结构也许以一种乱而有序的方式运行着，就像梦一样，画面以及情节的连接在梦中既符合逻辑又显得跟现实完全不一样，它们也许跟梦的过程一样，以一种纷乱、无序、随意的连接方式补偿显性知识形式化逻辑的死板与局限。当某些连接突然涌现时，可能会有一种豁然开朗之感，这也许就是我们所体会到的顿悟。顿悟是一种连接的结果，在它的背后隐藏的是一种我们不知道的无意识过程，内隐学习就是这些复杂联系中的一种。

我们已经知道，人的学习方式包括两种。一种是以非常明确的方式在知识层结构中建立联系的固定模式，如我们学习到的一条公理、一条定律等等，它们代表着一些因素以及概念之间的固定联系模式。这些知识是理性的、清晰的，在每个人的大脑中都必须承认并遵守的事实。它可以通过教育、学习进行传输和获取，这些知识可以在不同人的大脑中进行交流，并对之不断扩展和深化。这种学习是通过主观努力可以被加强的，简言之它们是有意识的共性的知识范畴，如同由全人类创造并供所有人开采的宝藏，代表着全人类智力创造的辉煌文明。另一种，我们并不知道这一学习过程是如何进行的，却能明确感知到它的存在。这种知识的获取过程是在无意识的流动中形成的，只有在某个智慧的闪光中我们才能够感觉到它的存在，灵感以及顿悟就是这种知识获取活动过程的闪光。我们看不到它的细节，但是我们知道它在运行着，它是浩瀚的联系世界中的一股强劲暗流，这股暗流的力量甚至超过了那些可以被我们明确意识到的知识，因为它不仅关乎着这个世界，还关乎着我们的生死以及人生的价值。智慧层的诸多内容，往往并不是由那些明确的知识体系所赋予的，它们之间虽然彼此存在关联，但是这种关联的方式并不能被形式化地显示出来，它们是与无意识的暗流交织在一起的，并通过这些暗流和生命的最高指令建立联系。我们就是按照这样形成的指令来生活的。

还有两个必须说明的问题是：首先，隐性知识和显性知识的划分与图1中关于知识层的划分是一致的吗？其次，我们能够在什么样的程度上接近无意识的知识获取过程呢？

隐性知识和显性知识间的界限并非图1中有意识和无意识知识之间的界限，因为隐性知识很多是我们能够明确意识到的，只是我们无法对其进行形式化的表达。人能够明确地知道自己在某方面拥有的技巧，却无法用语言精确地把这种技巧描述出来。而无意识的知识是我们根本意识不到的部分，只有在灵感乍现的时候才能够知道某种不为我们所知的过程的存在。因而隐性知识和显性知识的划分并不是图1中知识层在有意识和无意识之间的划分，在某种程度上说，隐性知识在某种程度上要多于无意识知识。

那么，我们能够有办法去接触那些黑暗的无意识知识之流吗，是否能够在这样的世界中获取知识的宝藏？有些人似乎在尝试这样做，比如他们通过冥想、禅修等方式来获取顿悟和灵感。我不知道这些带有东方神秘主义色彩的学习方式是怎样运作的，不知道它最终能够获得什么，虽然曾怀疑这些方式，但我知道对于这个世界我们每个人所知道的都是非常有限的，禅修的内观也许真的能够从无意识的知识暗流中发现最有价值的内容。从梦参老和尚那样的得道高僧身上，我们能够感受到修行的功力。一个人无论多么有才华，跟整个宇宙比起来都是微不足道的，任何试图接近宇宙以及人类自身的努力都应该受到最真诚的尊重。

虽然我不是教徒，但为了了解天主教，我曾经听过一节天主教的慕道课，也许我应该同样去体验禅修过程，看看这样的过程究竟能够带给我什么样的智慧，看看是否能够从内心和宇宙的联系中获得什么。也许通过目前我尚无法理解的方式能够锻炼自己的直觉，接触到另外一个自我以及另外一个世界，并从无限的联系之海中获取知识并形成智慧，就像我能从身边的一些人身上感觉到的那样，或者像从相关书籍中所了解的那样，但现在我还无法通过自己的经验获得任何证明，在开始亲身经历之前，我最好还是心怀敬重，但什么也不要说。

不过我还是希望这样的方式是奏效的，至少在某种程度上它能够提供一种方式以从无意识之海的联系中获益，因为这里蕴含着我们无法用模式化的方式开采的宝藏，宇宙之间联系的复杂性远远超过了我们所能够明确感知到的。人以一种自身都难以想象的复杂方式和整个宇宙联系着，银河系内分布着大量的暗物质以及暗能量，它们至少通过万有引力的方式跟我们联系，但人类对此毫无所知。如果某种宗教性的修炼能够多带给我们哪怕只是一点点的自觉的认知，那都将是极有意义的，因为我们将更好地理解自身的处境，对更为广阔的未知世界保持敬畏之心，并以一种虔诚的、进取的精神生活，而不是陷入盲目的无知与傲慢之中。

这种沉没于无意识之海的知识过程在很多时候关乎着智慧层，因为智慧层某些指令的运作很大程度上是在无意识状态下悄悄进行的。与知识层、信息层一样，智慧层的很大一部分也沉没在无意识的海洋之中。

智慧层中有很多无法被明确意识的内容决定着我们的活动，在精神分析者的眼中正是一些被压抑的情结导致了精神疾病的产生。精神分析者认为帮助精神病患者认识到病情的心理症结所在能够有效地治疗精神疾病。作为精神分析的创始人，弗洛伊德认为心理过程自身是潜意识的，并且整个心理活动只有在某些个别的活动中才是有意识的。心理结构被弗洛伊德分为三个层次，处于表层的能够被意识所捕捉的是意识层，往下则是潜意识层，这部分内容虽然不在意识之中，却能够被意识所提取，比如通过回忆、联想等将过去的经验呈现出来，这部分处于心理结构的中层。中层之下就是潜意识层，它像发动机内部的火焰一样提供着人体这部车子的动力，这里存在着动物性的横冲直撞的原始冲动和本能，弗洛伊德把性本能放在了极为重要的地位，后来认为在人的潜意识中有生的本能和死的本能。潜意识虽然藏匿于无意识海洋的深处，并不被意识所觉察，但它却是精神实质，它们会在梦中以不同的形式展现。

在荣格看来，人的潜意识不仅仅是个体的，个体潜意识的底层还隐藏着集体潜意识（也被称为"集体无意识"）。集体潜意识是人类祖先漫长的进化过程中形成的，跨越种族的人类共有的精神沉淀物，被人类普遍拥有。在人的一生中这些内容可能从来没有被个体意识到，但是它却被记录在遗传基因中。用我们的话说，这部分内容包含着一些固定的概念，以及一些固定的联系模式，这两部分内容是人类所共有的部分。它们随时试图冲入意识之门，寻求自我表现，但是也可能永远处于被封印的状态。

无论是弗洛伊德还是荣格，他们都试图去探索智慧层那些沉没于海底的最深处的秘密。就把那些复杂而神秘的内容留给心理学家们吧，这里我们所关注的是这些内容所依附的形式和结构。它们与外界联系的范畴远远超过了我们的意识和感知，我们只是在其中发现了最肤浅的东西。就像前文曾经表达的精神世界和物质世界之间的关系远远超过了人类的想象，卡普拉的《物理学之道》一书将现代物理学的发展和东方神秘主义结合在一起，就是从物质世界之间以及物质和精神的普遍联系这一观点出发的。我先前的作品中，从用精神迫使世界如是存在的观点表达了类似的内容。精神以及物质之间的彼此联系可以被放在沉没于无意识大海的智慧层之内，它们在那里存在着，并经过扭曲和变形偶尔涌出无意识之海。我不知道人是否有能力去捕捉这些神秘而细微的联系，宗教性的修行如参禅打坐的方式是否真的能够挖掘出人和宇宙之间的神秘联系，因为这些只有经过自身的修行才能够实证。然而，我知道有远远超过人类意识所了解的未知世界及力量的存在，这样说并非像通常人们所认为的那样意味着鬼神世界的存在，我更想强调的是人类认知的局限性，以及我们单凭意识去把握世界的狭隘性。无论如何，也许我都应该去尝试一下宗教里古老的修行方式，也许这些能让我与世界的连接更加透彻而紧密，未知的世界也一直让我保有对存在的敬畏之心。

作为智慧层的最高指令以及行动模式，它们不仅仅隐藏在无意识的海洋之下，还有很大的一部分处于意识领域之内，它们体现出人生规划的价值选择。一个人并不是为了本能活着，或者说越是作为人的存在方式就越要远离本能的诱惑。这部分能够被我们意识到的内容体现为：人的理想、信念、信仰以及心中的道德准则等等。也许，这部分内容是和隐藏在无意识世界深处的那些内容是相联系的，至于它们之间的连接渠道我们还不太清楚，但如果将两者之间割裂开来很可能引起身体以及精神的疾病，这是我的猜测，但荣格所曾阐明的跟这一观点十分接近。

上述内容是对以前所建立结构的一个补充，从某种意义上说，从信息视角去认识一个人的存在是与乔弗利·丘的"靴袢理论"相呼应的，宇宙是一个联系的整体，而人是这个联系整体的一部分。人自身以及和外部的联系是无限多样的,我们仅以感官的名义将这些联系置于一个粗略的框架之下,但这个框架因为同样囿于人类局限的认知而无法被更好地真实地刻画。真实的联系,要远比我们想象得浩瀚与庞杂,如果人能够在更广阔而深入的视角上认识世界,那么也许人类的一切认知都会被颠覆,人类将跨入到一个全新的境界。

一个真正对自身的存在负责的人,是那些将自身放在整个认知盒子中全面考察和统筹自身以及他者存在的人,就像释迦牟尼那样圆融美好的人,岁月星辰、茫茫宇宙、悲欢离合、生老病死都已经被智慧的力量研成碎末,宇宙间的一切都交融在了一起,化作释迦牟尼脸上那包容一切的微笑。今天,我们所要做的跟释迦牟尼一样,但是人类对宇宙以及人类自身的认知已经远远超过了释迦牟尼时代,如果我们也能像释迦牟尼一样,将宇宙万物以及所有的认知归化于一身,那么我想在每一个自我身上,都会结出更美丽的智慧与道德之花。我们将怀着更深沉而厚重的仁爱之心,在岁月的河流中成长、绽放,走向个体繁荣,最后洒脱而泰然地凋落,并欣然复归于无。

下 篇

6 爱　　情

　　乌拉诺斯被他的小儿子克洛诺斯杀死，身体被大卸八块抛向了全世界不同的角落。他的生殖器被扔进了爱琴海，海面上随即泛起了白色的泡沫，维纳斯就在白色泡沫中踩着巨大的贝壳诞生了。佛罗伦萨画家波提切利曾经在他的名作《维纳斯的诞生》中描绘了这一场景，维纳斯身材修长但显娇柔无力，面容秀美却略显忧伤。希腊神话中维纳斯是那样的美以至于直到她诞生了世人才知道什么是丑。维纳斯是这位爱与美之神的罗马名字，她在希腊神话中的名字是阿佛洛狄忒。

　　从这位神祇诞生的神话中，可以感觉到爱情本身和肉体以及神性的联系。也许爱情本质上就包含了低俗和崇高，当然这种低俗与崇高的划分也是出于人类狭隘的视野，它们本身并无好与不好的区别，在爱情中两者更多地体现了统一与和谐。爱神也许从来就是两个，或至少她包括了两个不同的部分，一个是肉欲的，来自身体，代表着人性；另一个是精神的，来自灵魂，代表着神性。《会饮篇》中大家纷纷赞美爱神，鲍萨尼亚直接说爱神有两位：年长的爱神来自苍天本身，被称为天上的阿佛洛狄忒；年轻的那一位则由宙斯和狄俄涅所生，被称为地上的阿佛洛狄忒。爱只有在两位女神的陪伴下才能起作用，也就是说爱只有在肉体和灵魂的共同参与中才能够实现。

　　仅仅歌颂天上的爱神是狭隘的，也许爱情本身就代表着某种超越，它不仅超越世俗与崇高，还能超越生死。在爱情面前，世俗的欲望跟高尚的美德之间并不矛盾，甚至对两者高下的划分都是片面的。真正持久的爱情，必然是两个方面都发挥作用，世俗之爱（姑且我们先这样说）与天上的爱彼此滋润才能够结出最饱满而甜美的爱情果实。

　　苏格拉底作为最后的发言者，通过与狄奥提玛的对话阐述了爱情的哲学。在他们的对话中,爱本身并非神明,而是一位处在人和神之间的精灵,它居于天地两界之间,传递和解释消息,沟通天地,把整个乾坤连成一体。爱的行为是孕育美,无论是在身体中还是在灵魂中。身体之爱让人企盼生育,因为凡人的生命是有限而短暂的,只有通过生育才能够让生命得以延续和不朽,可朽的凡人因为生育才和不朽联系在了一起,爱本身就是对不朽的企盼。然而还有更高贵的不朽,这种不朽将爱的身体之美引向了心灵、法律和体制的美,以及各种知识的更丰富的美的形式,最后走向绝对的美、美的汪洋大海。无论是身体的还是心灵的美,它们彼此是相互联系与贯通的,当人认识到这些美以后,身体的美、单一的美就变得不那么重要了。因为此时心灵已经发现了更崇高的东西,接近了终极启示。

爱情所能达到的终极的美是永恒的,无始无终、不生不灭、不增不减,它不存在于任何具体的表象之中,不存在于一个人之中也不存在于天空与大地之中,它自存自主,是永恒的一,具体的事物只是分有它,但影响不了它。如果一个人的生活是值得过的,那么全在于一个人的世俗之爱能够将心灵引向永恒的美。在上天之美的永恒光芒中,黄金、华服、美人都会失去光泽,当人对着这样的美进行沉思时,自然能够获得真正的道德,以及活着的意义。苏格拉底的爱情是一条从身体走向心灵之美最后到达天上的永恒之美的路径,拥有这样的爱情之人其人生是完满的,是蕴含了真正价值的。

苏格拉底对永恒之美的描述不禁让人想到印度教中的梵,想到佛教中的法身,想到巴门尼德的一。无论如何,人类的爱情都包含了自我超越的成分,梵本身就是无生无灭、无始无终、无增无减。它超越了无和有,超越了有限和无限,爱情赋予了人另一个维度,让人在短暂的一生中能够走向全新的维度,成就生命的另一种圆满。

当然,无论苏格拉底的爱情哲学多么高深优美,多么打动人的心弦,但始终是片面的。爱情本身并不是一个既定的轨道,而只能靠每个人自己去实现和体会,每个人都有每个人具体的爱情哲学,以及对爱情之美的个人体悟。然而,完满的爱情一定是智慧层和信息层的双重叠加,身体之爱与精神之爱的完美结合。这样的爱对爱中之人的引导也绝对是高尚的、进步的、自我完善的。弗洛姆认为爱是人内在创造力的表现,是人的自我表达,并能使人的力量充分发挥。还有一种倾向认为爱情是对统一性和完整性追求的方式,《会饮篇》中的阿里斯托芬以及俄国的索洛维约夫都持有类似的观点。种种爱情哲学都具有这样的一种倾向,那就是爱情是对更高的人性追求的一种方式,而无论它们追求的最终目的是什么,它们都将指向美、善以及永恒。

如果一个人的智慧层中装着的是柏拉图的理型世界,那么他的爱情就会指引他发现理型世界的美。如果一个人的最高信念中装着的是道家思想,那么他的爱情就会去帮助他更好地实现他的天人合一。爱情并不明确地将人指引到具体的方向,它只是在自我突破、展现以及延伸的过程中,将人的心灵朝着他所追求的方向提升。但也许把这种提升理解为爱情的副产品而非目的本身会更为恰当,因为爱情本身并不意味着自我成全,真正的爱情对于相爱的两方来说是无私的、奉献的,而自我完善只不过是相爱的双方彼此成全的自然结果。

爱情的美好与奇妙是毋庸置疑的,甚至世界上没有哪种文字能够把爱情的美完全地表达出来。纵使如此,爱情本身也并不应该被神化,就像狄奥提玛所说的那样,爱并不具备神的完满,也不落入绝对的庸俗,它是连接者,它通过建立天地之间的连接把乾坤连为一体,它通过连接孕育了无与伦比的美好与神奇,但爱神不是神祇而应该是精灵。

狄奥提玛的说法与我们对于爱情的解读不谋而合,因为我们是从联系的角度来审视个体存在的,爱情的确在不同的个体间建立了最紧密而深入的联系。那么接下来就从信息认识结构的角度看一下爱情是什么样子的。

前面诸章节的讨论都是从个体的角度出发的,后来在自我之外确立了他者的存在,这样前面的理论就要从封闭的个体走向他人。人就像是一团包括了三个层次联系结构的不断燃烧着的微弱火焰,一个人的存在如同在浩瀚的无意识的汪洋中漂浮着的一只小船,无意识之海时时刻刻都有可能将这只小船彻底地吞噬。相对于时空的无限广袤来说,任何一个人的存在都是渺小的、短暂的、孤独的,当把个体的存在处境和整个宇宙的浩瀚联系起来时,这种彻底而真切的孤独感就越加强烈。无论是一个人还是一只动物,任何超出无意识联系结构的维系都是需要代价的,对于拥有最复杂结构的人来说这种维系何其艰辛。这种维系不仅耗费物质形态的原料,更重要的是还需要与他者之间建立三个层面的联系,如果没有三个层面的联系来不断地维系自我,一个人的火焰早晚要枯竭于浩瀚的无意识之海。这意味着越是高等的生命形态其存在方式越是社会性的,社会越是庞大能够提供给个体的联系也就越丰富越完整,因而一个人能够从中汲取的养料也就越多,越有益于自身的存在。当然个体越是发展,个体间联系越广阔而深入,越能产生新的内容。

人就生活在巨大的社会网络之中，每个人的存在都靠这张巨大的网络维系，人通过与外界的联系获得发展，也因为这些联系走向繁荣。在一个人与外界的所有联系方式中，有一种最为引人注目，也最令人心驰神往，人们把最华丽的诗句献给它，用最美丽的神话装点它，用最凄美的故事歌颂它，这种联系方式就是爱情。爱情是一种特殊的联系方式，相对于其他的联系方式来说，爱情更加真诚、彻底、深入。相爱的双方渴望彻底地合一，不管是实际生活还是心灵都渴望建立紧密的连接，并且不惜在这种联系中失去自我。爱情让人走出那个一向自私的自我，爱的力量能够点燃灵魂深处的激情，让人趋向真挚与崇高。

对于两个真正相爱的个体来说，他们怀有建立亲密连接的强烈渴望，这种连接涉及所有层次：在本能支配下的信息层、知识层以及智慧层。人类的爱情之所以能够超越低俗与高贵的狭隘划分，就是因为它所包含的联系并非来自单一层次。因为本能怂恿下的生理上的强烈渴望，彼此间产生了强烈的身体上的吸引，但这种吸引会因为上面两个层次上的连接而获得升华，从肉欲到精神本身并不存在矛盾，尤其是当两者都十分契合时，爱情会变得更加完满而炽烈，两者相互滋养、相辅相成。

如果有任何一方面遭到破坏，那么爱情的魔力都会因为失去整体的平衡而大为消减。如果没有精神层面的交互与连接，那么单纯肉欲吸引下的爱情终会变得肤浅而粗鄙。相反如果只有智慧层的爱情，那么爱情则会因为失去基础而变得薄弱而空洞。人类的爱情之所以如此复杂与美好，就是因为它能够建立彼此间信息层以及智慧层的连接，当然如果再加上知识层的连接，两个人的心灵能够共同驰骋的领域也会更加宽广，彼此的连接也会更加紧密，这对爱情来说无疑更是锦上添花。爱情不仅仅建立三个层次上的连接，还能够让本来是三个层面的连接变得更加融合。爱情本身就是一种对所谓低俗和高贵的超越，在不同层次融合的过程中，爱情将结出人生中最美好的果实，人类将因为爱情而得以繁衍，而彼此的心灵也将得以滋养。

既然爱情包括三个层次的连接，那么爱情的来源也可以分为三个层次，但对于人类来说，完整的爱情无论从哪一个层次开始，都会试图走向三个层次的全面连接。

爱情最常见的来源就是信息层，当然这种来源离不开智慧层中比较初级的本能的操控。当维纳斯无可救药地爱上美少年阿多尼斯时，只是因为阿多尼斯容貌之美；当风流的帕里斯爱上世间最美的女人海伦之时，也只是单纯地受到情欲的蛊惑。诗经有云:"关关雎鸠,在河之洲。窈窕淑女,君子好逑。"人在生物本能层面的力量如此之大以至于很难去抵御,当遇到貌美的异性时,无法解释的喜爱之情会在内心深处油然而生,这种冲动的产生虽不受理性的控制但不得不接受其检查和压制。如果这样的喜爱之情得到对方的正面回应,那么爱情的两方就容易突破爱情的第一道防线,爱情将会遇到下一轮的考验。随着进一步的接触,爱情将被引向其他两个层次。虽然知识层处于中间位置,但爱情可能从信息层直接跨向智慧层,判断两者的信仰、生活观念等根本的理念是否存在明显矛盾,如果两者在智慧层也比较契合,那么爱情将被进一步深化,很有可能开花结果。但如果两者不相合,爱情就会陷入矛盾与抗争之中,很有可能被迫中止。当然,如果两者的爱情能够继续过关斩将,那么两者将会毫无保留地继续加深连接,这种连接将扩散到认知体系的整体结构,此时处于相爱双方的防线都被彻底地打开了,爱情更加真挚、深刻、毫无保留。自然爱情会渗透到知识层,但就像我在先前的著作中说过的,知识层相对于信息层和智慧层这两个原住民来说,它更像是舶来品,因而它在爱情中的作用可能并不那么大,虽然有时它的作用也极为重要。对于爱情来说,知识层的交互与连接无非增加了相爱双方的共同话语,让彼此的交流多了一层。这样知识层对于爱情来说,就提供了一个新的空间和领域。居里夫妇如同在科学领域奋斗的战友,他们的爱情在科学领域得到了紧密的结合,两个人走进了专属于他们自己的世界,这样的爱情是普通人所无法体会到的,他们共同获得诺贝尔奖,这样的成就无疑让他们的爱情增加了一道耀眼的光环。

  但相对于知识层来说,智慧层的吸引可能更为重要,因为一个人的高贵品格和非凡的品质更多地隐藏于智慧层。很多爱情是从智慧层开始的,独特的人格魅力、高尚的情操、崇高的理想、伟大的信念等等同样可以激发异性的爱慕,这是发源于智慧层的爱情,正是这一来自心灵深处的吸引才使爱情不至沦于平庸,智慧层的相爱让爱情本身变得崇高而神圣。身体上的吸引会随着岁月的流逝变得越来越淡薄,但是精神的相依相偎却会有增无减、历久弥新,我想爱情的永恒更多是属于这一层面的。

  当一个人不因对方的外表而爱慕其心灵之时,源自智慧层的爱情可能即将上演。假如一位青年被一颗纯洁的心灵所深深吸引,她高贵的气质如同在浮世的繁华与喧嚣中绽开的一朵圣洁的白莲花。他已经意识到赶走他心灵最深处的孤独,让其人生变得饱满而充实的只有她一个人时,她就已经成为这位青年永恒的梦。

他的一切因这颗纯洁的心灵而有意义，他的真诚与才情只想向她展示，渴望靠近她，靠近她的心灵，哪怕献上生命也毫不吝惜，因为这样的灵魂之爱是如此深刻，以至于爱已经超越了死和生。本来无忧无虑的青年因为她而体会到思慕的深深苦痛。这位青年知道心灵只有和她在一起时才找到了归宿，爱神彻底地征服了他，灵魂的重心已经完全失去，他时而忧伤、时而痴笑。因为思念过于沉重，有时他想忘记那位女子，但又在不经意间想起她，幻想如果心灵能够和她依偎那么将会有多么美好的幸福。他在岁月中不断纠结，爱与不爱反反复复，但每次纠结过后他会发现对这个女子的爱情仿佛又增加了一些，有一个来自精神的爱情世界，让庸碌的生活显得一文不值，他被和她在一起能够共创幸福未来的世界纠缠着，欲罢不能。有一天，这位青年终于能够邂逅那位他心中的女神了。她形容貌美，身材修长，除了心灵之外本能的欲望也被激起。在这位女子面前，他的防线已被彻底冲垮，他已经彻底沦为了爱的囚徒。他已经可以不存在了，因为这个时候这个女神已经成了他的中心。幸运的是，这位女神也青睐于他。因为她发现，这位青年的清澈眼神中同样散发着魅力，仿佛有着和她同样的话语、同样的信念、同样的心灵。于是两个人的心灵开始尝试接触，并在往来中共沐爱河。

这是源自智慧层的爱情。不管爱情发自哪一个层次，其最终的归宿还是所有层次的全面交互与连接。但我认为源自智慧层的爱情会更加高贵，因为初始于智慧层的爱情本身就意味着智慧层的丰富，智慧层越为丰富也就意味着爱情作为一种连接越为完善与全面，所以这种爱情也意味着更为完整的契合而更趋于深刻与长久。

当然，无论爱情源自哪里，它最终都将趋于完整。在爱的世界里，本不应该有层次之分，高贵与低俗也不过是出于人类的狭隘视野，而爱却不加区分地包容着这一切，它们都是爱不可或缺的部分，缺少任何一个层面爱情都将不会完美。

同样，爱情也可以发自知识层，知识世界能够为相爱的情侣提供一片专属的空间，就像在这世界上为他们提供了一座秘密花园，那里的花草只为他们呈现五彩斑斓的色彩，只为他们奉献沁人肺腑的芬芳。他们在知识世界的最深处相遇，他们能够一起欣赏世间最神奇的美好。知识世界的冰冷与孤独被美好的邂逅所温暖，于是两者渴望走向更深入的交往。如果爱情之路顺利，那么他们会同样朝着更全面的交互与连接迈进，最终走向完整的爱情。爱因斯坦和米列娃·玛丽克的爱情就发源于此，不过后来他们的婚姻最终破裂。不同的层次的交互与连接是否能够达到和谐是爱情是否美好的关键,保持连接的全面与和谐是爱情美好的关键。

我们探讨了爱情的三层次来源,无论是开始于哪一个层次爱情最终都要走向完整和全面。然而,我更欣赏发源于更高层次的爱情,因为两者在一定程度上反映了认知结构的全面与丰富程度,对于爱情来说一个人的认知结构越是充实与完整,那么它能够带来的爱情感悟也就越丰富和深刻。因而一个人认知结构的繁荣无疑有益于爱情,理想的爱情是建立在个体繁荣基础之上的。两者个体充分繁荣的基础上,能够在彼此之间建立更为丰富多样的层次化的连接,因而爱情在彼此交互与连接中也会结出最美的果实。当然对这种爱情的渴望也会让人感到更加痛苦。个体繁荣能够促进爱情,反过来理想的爱情也能够促进个体繁荣,尽管爱情中一个人的无私与真诚并不希求这样做,可因为爱情是两个系统间的连接,这种连接本身就是对彼此的促进。爱情中越是无我,爱情也就越能成就自我。

爱情不仅仅包括不同层次的连接,这种连接还具有一些非凡的性质,也正是由于爱情的非凡特质,它才成了人类永恒的话题。

首先,理想的爱情是建立在自由的基础之上的。两个自由的主体不能出于强迫,而是自然地相爱,同时爱情本身也是对个体自由的肯定。越是理想的爱情,越能成就相爱双方彼此的自由,在相爱的过程中个体只有保持自身的完整性和两者之间的差异性才能够让爱情的连接变得更加丰富而活跃。反过来,爱情也能够让每个个体更好地保留其独特性。双方因为彼此的不同而相互欣赏和吸引,也因彼此的相同存在交流的基础,共性和个性在爱情的过程中相互协作,一起保持爱情火焰的长生不灭。看来从认知体系相互联系的角度同样可以得出与弗洛姆类似的结论:真正的爱情是在保持自身的完整性和独立性的基础上与他人的合二为一。在爱情的连接之中,一个认知结构繁荣的个体能够让爱情变得更为饱满并富有深意;相反爱情的连接也能促进个体的繁荣,从而也就能更好地促进个体的自由。

其次,处于真正爱情中的彼此旨在建立最无私、全面、深入的连接。真正相爱的双方,彼此都是最为真诚的,他们试图建立最全面而紧密的联系而不考虑个人的利益。处于真正爱情中的人对于彼此来说是最不含功利主义色彩的、最无私的,为了爱情无数痴男痴女不惜献出宝贵的生命。正是这种出离自身利己主义的高贵品质,让爱情的连接走出狭隘的自身边界从而走向更为广阔的心灵世界。无论是《会饮篇》沿着爱情之路对美本身的发现,还是无上智慧,都是在对个体局限的突破中获得的。越是突破自我越能在彼此间建立复杂而深入的连接,犹如计算机网络,网络交换的内容越丰富多样越频繁,那么每一台计算机能够在这种交互中的获益也就越多。

当相爱的双方彼此真正敞开怀抱,那么两者间的连接就将以最全面而深入的方式展开。所谓全面是指相爱的双方渴望在各个方面、各个层级进行连接,两者渴望合二为一。两者受荷尔蒙的驱使,在本能的控制下渴望身体上的亲密无间,当然这种连接是信息层感官上的联系,性无疑在爱情中起着极为重要的作用。相对于发展滞后的知识层和智慧层,本能驱使下的信息层行为具有极为强大的力量,它反映了人类作为高等动物存在的自然属性。没有性的吸引力,爱情如同空中楼阁一样,就失去了现实的根基。信息层不仅仅包括性,它还包括共同的现实生活,因为爱情日常生活中的点滴都另富新意。朝夕相处既是爱情的愿望,也是滋养爱情的养料,爱情本身就期待和保持这种行为层面的紧密连接。然而,人不仅具有自然属性还具有社会属性,人不仅拥有肉体还拥有心灵。爱情更渴望在两者之间建立智慧层的联系,尤其是智慧层中那些最高贵的部分。爱情能促使一颗心灵走向崇高,因为真正的爱情不仅促使相爱的人展示外在的美,还促使人展示心灵的美:高尚的道德、坚贞的信念以及崇高的理想。当这些高贵的品格能够在彼此间获得心灵的共鸣时,爱情就会得到升华,一个人正是因为对方的肯定和欣赏才变得更有力量。这种力量能够让人获得人生的意义,能够让人脱离世俗到达心灵的渴望之地。爱情的力量能够促使一个人的智慧层走向繁荣,因为智慧层中装载着一个人的终极认知和信念,爱情的力量能够使之强化,尤其当这种认知和信念得到对方哪怕少许欣赏,都能被激起最强大的心灵力量,从而进一步走向智慧层的强大与繁荣。

爱情作为两者连接的全面性体现还包括知识层。爱情旨在连接两者认知体系的全部内容。知识层作为最后出现的结构,该层次的连接为爱情提供了一个新的领域。知识层需要长期的积累和专业性,这使得两者的连接变得极为困难。正是由于这些原因,知识层便成了两者约会的神秘花园。旅行能够带来信息层的美好,而知识层则能够带来真理的美,共同的审美过程能够促进爱情,赋予爱情更多的深意。

因为真正的爱情是秉持最大的诚意去与对方合一的,因而爱情的连接除了全面性外还体现深入性。相爱的人希望亲密无间并走进彼此心灵的深处,希望将内心最深层的秘密和对方分享,因而深入性也是爱情这种连接最为明显的特征。在爱情的深入连接中,心灵因为彼此在最深处的响应而能产生出超越世间一切的美好,因为心灵在此超脱凡尘的羁绊,走向一种真正意义上的自由。爱因为连接彼此,而消融彼此,但正是因为消融彼此也成就彼此。

再次,人在爱情中感到统一性、完整性、超越性。爱情全面而深入的连接能够结出世界上最奇妙和美好的果实,而这就是人们永恒地渴望爱情、保持爱情的原因。《会饮篇》中,阿里斯多芬讲了一个有趣的故事。原初之时,大地上有三种人,男人、女人和阴阳人。这阴阳人顾名思义就是指不男不女或者半男半女的人,阴阳人是月亮的孩子,继承了月亮的球形。他有两个头、四条手臂、四条大腿,身体其他各部分的数目也都加倍,他们在这种状态中感觉到了统一和完整。阴阳人企图造天庭的反,于是宙斯为了削弱他们的力量,将阴阳人从中间劈开,变成两个独立的个体。原初是男人的球形人分开后只想找到自己的另一半,成了男同性恋者;原初是女人的球形人分开后也一样,她们成了女同性恋者。不管怎么样,被宙斯劈开的球形人的完整性和统一性被破坏,他们便成了孤身男女,于是他们形单影只、失魂落魄,备受孤独的煎熬。于是他们焦虑万分,在茫茫人海寻找另一半,并期盼与其重新合一。那些能够找到另一半的人终在两者的连接中重新找到内在的统一性和完整性,于是他们不再感到孤单而重回完满。那些未能找到另一半的人则因一直渴望获得与对方的统一和完满而抱憾终身。阿里斯托芬讲述的故事说明了爱情的一种重要结果,就是爱情的连接能够带给人一种内在的统一性和完整性,这是爱情在彼此心灵中结出的最美好的果实,这种统一性和完整性能够让人感到心满意足。

这种统一性和完整性将超越性赋予了爱情,爱情能够超越凡尘琐事的束缚,让人的心灵得到自由,爱情在彼此的内心深处撑起了一片自由的天空,灵魂在这里得到真正的休养。由于爱情的全面性和深入性,彼此的压力全部释放。爱情不仅超越世俗和平庸,它的力量还能够让相爱的双方超脱生死,也许爱情本身就拥有这方面的双重力量。首先,爱情的客观结果就是能够促进人类生命的延续。每个人的生命都是有限的,然而子女能够让我们的生命以另一种方式得以延续。人类繁衍的本身就是对生死的超越,通过繁殖,人类将自己安放到时间的河流之中。其次,在智慧层的连接之中,心灵获得的统一性和完整性能够促使人在最高的理想之地得到满足,从而接近生命的终极启示,于是相爱的彼此也能够在爱情之中获得某种程度的对生死的解脱。

总之,爱情如此复杂,它不仅包含了我们通俗意义上的低俗和高贵,更是对两者的超越。爱情是建立在两个独立个体之间的最亲密、全面而深入的连接,个人认知结构的每一个层次、内容都成了爱情不可或缺的部分,爱情使得各个成分彼此和谐,从而成了人世间永恒的同时也是最美的主题。最后,让我们在《圣经·哥林多前书》第十三章对爱的赞美声中结束关于爱情的讨论吧:

我现今把最妙的道指示你们。

我若能说万人的方言,并天使的话语,却没有爱,我就成了鸣的锣、响的钹一般。我若有先知讲道之能,也明白各样的奥秘、各样的知识,而且有全备的信,叫我能够移山,却没有爱,我就算不得什么。我若将所有的周济穷人,又舍己身叫人焚烧,却没有爱,仍然与我无益。

爱是恒久忍耐,又有恩慈;爱是不嫉妒,爱是不自夸,不张狂,不做害羞的事,不求自己的益处,不轻易发怒,不计算人的恶,不喜欢不义,只喜欢真理;凡事包容,凡事相信,凡事盼望,凡事忍耐。

爱是永不止息。先知讲道之能终必归于无有;说方言之能终必停止;知识也终必归于无有。我们现在所知道的有限,先知所讲的也有限,等那完全的来到,这有限的必归于无有了。我做孩子的时候,话语像孩子,心思像孩子,意念像孩子;既成了人,就把孩子的事丢弃了。我们如今仿佛对着镜子观看,模糊不清,到那时,就要面对面了。我如今所知道的有限,到那时就全知道,如同主知道我一样。

如今常存的有信,有望,有爱;这三样,其中最大的是爱。

7 历 史

如果认知结构每一刻的内容都能被记录下来，并把这些内容沿着时间轴展开，那么这样就记录了一个人一生的全部。这样在四维时空之内，一个人就被表达为一个时空中的连续体。这个连续体包括了一个人的认知结构从成长、繁荣到枯萎的全部过程。人和他者有着三个层次的连接，这些连接将不同的个体连接成巨大的网络。在更大的时空背景下，过去的每一个人都曾作为连续体而存在，彼此的连接在时间和空间上展开，这样所有的单个连续体就拼接成了流淌在时空中人类整体结构的画卷。这幅画卷代表了人类的全部过去，它在时间的流淌中不断延续，也在人们的记忆中渐渐消逝。当从纵向上查看这个浩瀚的时空之河时，我们体会的是人类的历史联系；而当从横向上观察时，它所体现的则是人类的社会联系。

这人类整体之河的细微处就是人和人之间的联系，在我们的理论中人与人之间的联系被分为了三层，因此总体上，人类整体的结构也包含三个层次。信息层波涛汹涌，就如同河水的表面，人类一切行为、知识和思想最终都得由信息层表达出来，它是人类时空存在的表象。表象之下是知识层，它相对缓慢，相当于中间层的水流，没有了河面的波澜壮阔，但是多了几分深沉。而智慧层是河底的水流，它流动最为缓慢，隐藏于河流最深处。当以历史的角度来看待这条河流之时，就会发现我们所面对的是多么复杂的事物。对人类过去的了解，就是要建立与过去的联系，那么这个联系就要深入到这条河流的三个层次之中。这种连接又是跟我们个体的认知结构相关的，因而一个人试图去探求历史，就离不开这个人和过去人智慧层的互动，因而主体的智慧层成分必然会被引入这种联系之中，因为两者之间若没有这种联系，那么智慧层的交互就变得不大可能。

如果把注意力放到人类认知整体结构的时间维度，那么就可以将这条河流称为历史之河。学界使用的"历史"一词,包括两种基本含义:一是作为"过去",由既往发生事件和行为构成的历史实在;一是对既往历史事件、行为及过程的书写、编排、解释。然而,我们这里所使用的历史概念是另一回事,姑且把事实上曾经存在过的每个人认识论三层结构的全部内容称为历史。如果我们能够像查阅图书馆的书一样查阅这些内容,那么历史就如同生活中的其他一般事物一样。然而,历史却并不同于一般事物,它有着不同于一般自然事物的特点。首先,历史并不能把每一个人每一事件如同一卷影片那样清晰地呈现在我们的面前,相对于现在的记忆来说,历史正在时光的流逝中缓慢地消逝。历史在时间维度上一去不复返,历史无法重新经历,因而我们对于历史的研究,只能是一个不断猜测的过程。其次,历史事件和我们之间的联系是单向的,也就是说,那些凝固了的历史事件只能将残缺的信息传递给我们,而无法和我们进行交互,历史的信息流只能单向流动。这就意味着有些问题是永远无法被证实的,因为我们无法通过与历史人物之间的信息交互来印证他们的真实想法。历史对于我们来说永远隔了一层迷雾。再次,由于人类自身的复杂性,历史不可避免地呈现出三个层次。信息层、知识层、智慧层在历史的连接中彼此盘根错节,交织成蔚为壮观的历史画卷。即使历史为我们留下了大量的文物、文字,了解历史人物的知识层和智慧层的内容仍然十分困难,我们很难通过历史遗留的有限信息还原历史人物的真实内在。最后,对历史的认知永远是研究者用自身的三个层次去和历史人物以及事件建立联系的过程,是历史研究者的认知结构和历史人物认知结构的单向交互,如同量子力学中观测者和被观测粒子之间的关系一样,每一次观测都受到观测者的影响,观测结果本身就包括了观测的行为,主体和客体彼此缠绕在一起。对历史事件的研究也是这样,每一位历史研究者都是通过自身的知识层、智慧层去理解历史人物和事件,因此同一历史事件在不同研究者的眼中就呈现出不同的样子。历史研究者往往固执己见,认为自己的看法是最符合历史事实的,但有时却忽略了自身智慧层和他者智慧层的不同。

我们在自身的坐标系中将宇宙的一切排列到了时间维度,这就是我们的历史。对于光子来说,因为时间是静止的,所以也就没有了历史。看来人类的历史也只是在宇宙长期存在的时空局部呈现,历史相对于活在当下的人来说有意义,对这些处在历史的网络中的人来说有意义。从今人的视角来看,从自身角度回溯到之前的一切构成了历史。这条河流可以追溯到宇宙的初期,一开始宇宙只以物质和能量的变化展开,没有生命形态存在的历史可以归属到一个层次,即单纯的物质层或者我们称之为信息层,这样的历史我们可以称之为自然史。但当生物出现以后,尤其是人类出现以后,后两个层次在历史的河流中慢慢产生,于是历史才成了真正生动的人的历史,历史的网络成了层次化、立体化、多样化的网络。

历史河流的三个层次每一层都有自身的形态特点:信息层的连接相对分散,每一个人只和周围的人之间产生连接,而很难跨越较远的时空距离。这是因为信息层处于物质层面,是人类其他高层活动的现实基础,与周围人的社会关系构成了自身的社会环境,人就在这样的环境中生活。普通人的现实生活,特别是物质层面的生活并不需要与时空距离较远的人产生频繁和紧密的关系,即使人类历史战争频仍,不同地区的人们相互征伐,但总体来说这种关系仍然是局部封闭的、近距离的、去(弱)中心化的、庞杂的、散乱的。但人类还有更高级的行为,知识层的行为则与信息层远远不同,体现在历史的连接模式中,知识层的连接并不像信息层那样频繁,它只在少数的知识分子之间建立连接。这是因为人类知识本身的稀缺性,知识对于古人来说是一种极为宝贵的东西,通常它只掌握在社会上流阶层手中,因而知识的发展与传播只在一小部分人中进行。相对于信息层日常繁杂的联系来说,知识层的连接则能够跨越极为遥远的时空距离,这种连接不会像信息层行为那样快速、频繁,很多知识层的连接是单向的,如同我们每个人高中都会学习牛顿的理论,但只是单方面地接受牛顿的知识而并不会和牛顿先生发生交互。知识层的连接是具有中心化倾向的,人类的知识虽然是在实践中由人类共同创造的,但是有一些杰出的天才却做出了无与伦比的贡献,他们就是那些在知识网络的延伸中最具影响力的节点(度最多的节点),他们成为人类知识领域的明星。李时珍、伽利略、达尔文、爱因斯坦等等不同领域的知识巨匠如同夜空中的明星一样,在人类的历史之河中永恒闪耀。还有一些人,他们关注更高一层,关注人的终极智慧,他们关注生死,探索作为人存在的意义和价值,为人的生活方式树立典范。这些人就构成了智慧层网络的核心,释迦牟尼是这样的人,老子、孔子、苏格拉底、马克思以及耶稣都是这样的人。相对于他们创造的知识来说,他们赋予我们更多的是关于生活的观念,以及存在的终极智慧,而这些对于人类的生活来说是至关重要的,因为它们在人类自身和冰冷而残酷的宇宙之间建立了缓冲,能够让我们坦然地面对短暂的一生。人类生活观念的演变要比知识的积累慢得多,所以相对于知识层来说,智慧层网络的连接更为缓慢。虽然每个人都有自己独一无二的智慧层,并且可能经常和其他人就这些内容进行交流,但是从总体上看,人类的智慧层发展是最为缓慢的,人生的总体模式仍然可以划分到有限的几个类别之中。因为智慧层真正的发展是建立在对世界以及自身总体的深刻认知基础之上的,所以智慧层总是走在知识发展的身后,停留在历史之河的最深层。

现在,历史以最为复杂同时也是最波澜壮阔的方式永恒地镶嵌在了特定的时空之中。但是在我们现在特定的时空点上,历史的全部网络早已褪色得面目全非。历史学家的任务就是从这早已面目斑驳的历史影像中还原真实的历史,并从中获得智慧。然而,人类历史本身是复杂的,历史学家本身也包括极为复杂的三层次结构,在与历史的作用过程之中,实际上是两个认知结构之间在发生交互,确切地说是单方面进行信息传递,因而关于历史的认知以及解读就产生了多种可能。不妨回顾一下,人类看待历史的视角是如何发展的。

当历史学家们试图洞悉"历史事实"之时,就已经注意到"历史事实"与自然事实之间的差别。新康德主义学者们认识到了历史事实作为历史学研究对象的特殊性,这种特殊性使得历史事实相对于自然事实来说具有独一无二的价值,因为历史事实涉及人的活动,包括人的精神生命,在我们看来这里的精神生命就包括在智慧层之中。探析人的精神生命是困难的,因为它涉及两个智慧层之间的交互与连接,何况这种连接在历史学里是单向的。历史事实包含了人自身的复杂性,它反映了人类知识层与智慧层的内容,因而历史事实和自然事实比起来就多了一层价值与文化属性。新康德主义学者批判的就是那种把历史事实和自然事实等同的观点,研究对象上的根本差异导致历史学和自然科学的根本不同。但思辨的历史哲学和实证的历史哲学则把历史学拉向了自然科学,两者试图寻找适用于历史的普遍规律,具体的历史事实则作为这些规律的例证。无论是新康德主义的历史哲学还是思辨以及实证历史哲学——虽然它们关注的角度不同——都将重点锁定在了历史本身。但对历史事实的研究实际上是历史学家与历史事实的交互过程(确切地说是单向信息传递),历史学家的智慧层本身对这种认知具有很大影响,历史学家对历史事实的解读在一定程度上体现了其自身的价值取向。后来,学界对研究主体的地位和作用给予了越来越多的重视和肯定。

20世纪上半叶,意大利的克罗齐和美国的卡尔·贝克尔都对历史学家的主体性给予了很大的关注,他们试图从历史学家主体的角度来理解历史。克罗齐有一句极度夸大历史学家主体性的名言:"一切真历史都是当代史。"克罗齐用很多概念术语如"当前的历史""过去的历史""活的历史"等等,来表达历史本身的现代性,重点还是说历史学家主体在探究历史事实中的重要作用。人们按照自己的想法和观念去看待历史事件,还原真实的历史对于他们来说是不可能的,没有两个人看到的历史事实是完全一样的。这种史学观把历史学家对历史事实相互作用过程的重点拉回到了历史学家主体之上。

然而,对历史事实的研究本身就是一个历史学家和历史事实之间的交互过程,把视角聚焦到这一过程的任何一个环节都是片面的,无论是仅仅关注历史事实还是仅仅关注历史学家都有失偏颇。因而,科林伍德以及贝克尔都试图将克罗齐那样相对极端的观点拉回来。历史事实不可能不透过历史学家的视角单独显现,历史学家也不能对历史事实任意解读。科林伍德再次强调了历史事实和自然事实的不同,他强调历史事实背后存在的思想,甚至用"一切历史都是思想史"这样极端的话语进行描述(当然这并不是对历史事实客观性的否定),但对于自然事实来说就没有思想这方面的困扰。所以科林伍德认为,只有真正了解了历史事实背后的思想才能够理解历史,驾驭人事。

后来历史哲学的发展呈现了新的流派,这些流派将关注点放在了历史学的研究模式之上。英国哲学家沃尔什提出了著名的"配景论",这种观点认为历史学只能概括过去的人,而无法概括现在和未来的人,因而历史学意味的客观性跟自然科学对应的客观性在范围上就有了大小之分,相对于自然科学的普遍客观性来说历史学命题的客观性是有限的。沃尔什关注的是历史学知识,是历史学的研究模式问题。波普尔同样关注历史学的研究模式,他注意到历史事实与自然事实的差异,认为历史事实不能像自然事实那样具有可重复性,而且掺杂了情感、意志、愿望等,因而无法从历史中概括出规律,但历史却可以用某些普遍的规律进行解释,这种模式就是著名的覆盖定律模型。在波普尔的眼中历史学属于一门解释的科学。德裔美籍科学哲学家亨佩尔进一步发展了波普尔的覆盖定理模型,使其更加明细化,但他遭到了威廉·德雷的反对,因为后者认为历史学提供的并非必然性的解释,而只能构建"合理的解释"模式。雷蒙·阿隆则认为两者都存在缺陷,他认为如果对历史事件进行知性阐释要比解释好得多,他的意图是用历史上曾经存在的知识世界和价值世界以帮助我们更好地认识历史事实。后现代的历史理论则更倾向于把历史事实当作历史编纂的材料,从这些材料出发到历史学著作,无疑加入了史学家的创造、情感以及意识形态等等。注重语言、文本的研究风格为后现代主义历史学家所继承,因而形成了后现代主义特有的一种研究模式。

从历史客观主义到后现代历史哲学的发展,体现了历史研究本身的特殊性和复杂性。我们认为这种特殊性和复杂性是由历史学研究对象以及研究过程的复杂性和特殊性造成的。起初,我们看待历史事实如同看待普通的自然事物一样,只不过是存在于过去的事物,历史的客观性是不随着主观而改变的。但历史事实是作为网络中的事物存在的,而且这种网络包括三个层次,可普通的自然事物只具有单一层次。因而对于历史事实的了解就不像对自然事物了解那样简单,它必然涉及人与人的智慧层交互,确切地说是单一方向的交互。历史事实作为网络中的节点,它被永恒地镶嵌在了过去,时光将网络冲刷暗淡,历史学家只能试图在斑驳的信息中还原历史事实所涉及的三个层次。当历史学家如狄尔泰、李凯尔特等人注意到历史事实这一研究对象的不同时,实际上就已经开始挖掘历史事实本身的层次结构了,但研究视角的不同在新康德主义历史学家中引起了微小的分歧。因为历史事实的内在结构,对其探索必然会引起现代历史学家和历史人物之间的智慧层交互,确切地说这种交互是单方面的,历史学家的观点和看法不能在交互中被验证,因而研究主体在解读历史事实的过程中就有了充分的余地。研究主体在历史研究过程中是同样重要的,目光终于被拉回到研究主体身上,新黑格尔主义出现了,意大利的克罗齐和美国的卡尔·贝克尔充分肯定研究主体的重要性,甚至通过过激的语言来强调这种主体性的作用。不过历史事实本身和历史主体共同构成了历史的认知过程,对任何一方的蓄意夸大都是片面的,这一点和量子力学对粒子的观测很像,任何一次观测都是主观和客观相互作用的过程,历史研究同样如此,研究者的主观意识总是被或多或少地掺杂到研究过程之中。无论是主观主义史学观还是客观主义史学观,都是相对片面的,两者都是仅仅关注了历史研究的单个环节而没有意识到其本身就是一个单向的认知过程,使用现代已有的残存信息通过特定的大脑来重构历史的真实。

至于历史研究模式的差异同样也是由历史研究过程本身所决定的,历史研究过程涉及历史事实和主体三个层次的交互,然而历史网络中每个层次的特点是不一样的。前文已经就三个层次的差异进行了简单分析,当历史学家探索历史规律的时候,他们的关注点实际上就已经脱离了单独的历史事件,而是把目光放在了整个历史网络之上。但这三个层次的差异并未得到明确而充分的关注,所以不同的研究人员很容易得出一些看似矛盾的观点。

历史的信息层网络体现出更多的客观性,智慧层网络体现更多的则是主观性,而知识层则位于两者之间。当然三个层次之间是相互渗透的，不存在单独的信息层历史，也不存在单独的知识层历史或智慧层历史。虽然我们可以单独地谈论技术史、学科史以及思想史，但它们归根到底还是相互交织在一起的，人和人的处境是不可分割的，内心和世界形成了一个整体，它也要求我们必须（当然也是无奈的）从分离的视角去研究整体的存在。

我们的视角如此有限，很难从整体的视角来把握全部的历史，历史网络又如此复杂。我们只能从不同的层面看待有限的历史，而单独从任何一个层次来看历史所得出的规律都是不同的。从信息层来看，人类的历史体现出更多的唯物性，历史网络的信息层更多地体现了人类作为一个特殊物种的客观存在，当然这一层面能够更多地体现出人类以及人类生活的自然属性，以及自然属性本身所赋予的社会属性，当然这种赋予本身并非具有决定性意义，也同样存在偶然性。不过，这一层次所体现的规律则具有更多的普遍性以及客观性意义，因而我们在这一层面能够更好地把握人类的发展。知识层网络更多地体现了人类的主观性，虽然其发展本身也受到客观规律的限制，但由于人类心灵的参与，知识层网络所体现的规律则明显不同于信息层，因而我们很难把握知识层网络的发展规律。事实上，信息时代的出现基本上可以说是一种偶然，没有人曾经预测过信息技术会对人类产生深远影响，历史也完全可以迈入到化学时代、生物时代等等。但只有信息技术赢得头筹，并且反过来强烈影响人类历史的发展。智慧层的发展是缓慢的，也是更主观的，因而相对于上两个层次来说智慧层最为复杂，人类智慧层网络也最难把握。

单独的历史事件本身以及整个历史网络都具有三层次结构的复杂特征，因而忽略这种内在结构就会造成历史研究的诸多困惑，容易陷入狭隘的视角。但人的视角往往不具有普遍性，它总是从某一特殊的角度出发去观察和探索事物。库萨的尼古拉就是从人的狭隘视角出发，指出个体视角的有限性，他用这种对个体视角的批判，早在哥白尼之前就已经指出地球中心论是从人类的视角得出的，他比哥白尼走得更远，对个体视角的超越已经让他认识到太阳也并非宇宙的中心，宇宙本身就不应该具有中心的概念。但人总是从个体视角出发去认识外部世界的，面对历史这样复杂的研究对象，如果能够突破自身的专业视角将具有非常重要的意义。历史研究的分歧大部分是由研究对象的复杂性造成的，当这种复杂性被充分认识，人们对待历史的态度也会更加从容，历史对于现代人的意义也会更加重大。

必须注意的是，当人类跨入信息时代后整个历史网络的发展发生了极大的变化,历史上没有任何一类技术能够像信息技术一样重塑历史网络的连接模式。信息时代以前,人们只能和周围很小时空范围内的人发生联系,但信息技术出现以后人类已经不再受时空限制,世界仿佛被信息技术连接成一个整体,我在《信息的演化》一书中,形象地描绘了信息技术对认知的集束作用,这种形象化特征同样适用于历史网络。信息层网络所受到的影响首当其冲,任何两个节点之间能够跨越时空直接联系,人类历史的发展节奏已经发生了彻底改变,显然信息时代历史的发展规律也会产生新的变化。

知识层和智慧层也同样受到很大影响。信息技术出现以前,人类在相对很小的范围内进行知识创造活动,很多研究工作是重复的,无法发挥智力的集合效应,无疑造成了智力资源的浪费,人类的整体知识如同在沙漠中分散的网络一样独自发展。但是在信息时代,科研人员的知识创造活动能够相互借鉴相互参考,散乱的知识被信息技术连接到了一起,现在人类的知识就像一张不断扩大的网络,每一位科研工作者都能在这张网络上借鉴彼此思路,共同繁荣知识网络。另外,知识能够借助信息技术得到更好的传播,原本课堂里的内容通过智能终端走进了人们的日常生活,人类拥有了更多的学习机会,每个人求知的欲望、知识接受能力和学习能力将是决定一个人知识水平的重要因素。同样,历史的知识层网络在信息时代也将呈现出新的发展规律。

智慧层的发展也是如此,人类的信仰以及文化也会随着网络传播,无论这种文化是先进的还是落后的。另外,在网络的虚拟世界中还会产生很多新的文化,事实上网络文化已经在很大程度上影响了人类的根本生活理念,一些恶俗文化已经引发了较为严重的社会问题。在信息时代,如何让自身的智慧层更加健康与强大,更能经得起网络低俗文化的侵蚀,已经成为一种必不可少的能力。

当然,信息技术对人类的改变是全面而深远的,在此无须进行具体深入的分析。不过人类刚刚进入信息时代,信息技术对历史发展规律的影响还远未完全呈现,人类仍处在信息技术飞速发展所带来的巨变之中。也许再过数十年,信息技术对历史三层网络发展规律的塑造,以及对整个人类命运的影响终将彻底呈现。

当我们的视野未走向他人之时,个体认知结构如同一个自由的容器,它飘浮在虚空之中,任何一个人只有往其中加入不同的内容才构成自身的存在。仿佛这种自我生长是无比自由的,但这并非事实,事实上我们不仅生活在坚实的大地上,还生活在历史的网络之中。

人摆脱不了身体所具有的自然属性，本能、情感模式等等内容早已在出生之时就已注定，人不可能脱离自身的自然属性而存在，同样人也脱离不了自身的社会属性和历史属性。人生活在具体的历史网络之中，历史不仅赋予我们无穷的知识和智慧，还赋予我们每个人不可推卸的责任和义务。历史对于我们来说，就是我们生活的现实土地。对于人的成长，虽然从某种意义上来说历史是一种束缚，但更是一种滋养，如果没有历史提供的取之不尽的资源，就不会有个体的繁荣。因而只有把根更深入地扎入历史的土壤，才能够让我们的枝叶更接近天空。

动物如同自然物质一样没有层次化的历史网络，在人类的视角来看，姑且认为它们只拥有信息层历史网，可动物本身却看不到这一点，所以动物只能过着千篇一律的生活。两千年前的青蛙和今天青蛙的生活方式以及内容并没有太大的区别，因为它们的历史没有知识层和智慧层的积累。但人类的历史却具有知识层和智慧层，人类历史就是其自身文明的不断积累和延续，现代的人类生活建立在古人不断的探索和认知基础之上，我们生活在先前的文明以及认知基础之上，因而站在不同历史时空点的人类个体具有完全不同的生活方式。当我写下这些文字的时候我是生活在了信息技术非常发达、人类对宇宙的认知空前深入的历史背景之下，所以我所构建的粗糙的理论也是试图在这样的认知前提下接近真知。也许若干年后，人类对整个宇宙的认知以及人类自身都发生了彻底的改变，那么我有限的视野也将暴露无遗。然而人就是这样一步步走过来的，每个人提供的无论是真知灼见还是经验教训都在推动历史网络的进步，这些贡献被存入历史的资源海洋之中，为未来的人提供借鉴。

我们应该尊重自身的历史，并且肩负起历史赋予我们每个人的责任。祖先留下来的伟大财富和意志必须得由我们坚守，他们的精神需要我们继续发扬光大。事实上，如果一个国家没有正确的历史观，那么它必将目光短浅、精神贫瘠，在现实中就会不断碰壁，进而影响自身的发展；相反，如果一个国家能够虚心地从自身的历史中汲取经验和教训，以包容开放的精神看待自己和他国，那么它将不断走向更高的文明。

同样每个人的成长也必须从历史中吸取知识和智慧，如果没有历史，人将与动物无异，现代的人之所以与千年之前的人不同，主要是因为今天的人走在了前人铺就的道路之上，我们每个人身上实际上都浓缩着整个人类的影子，每一个人都体现着人类的一切。每一个人也要继承历史的责任和意志，站在历史现实的土地之上，历史赋予我们的财富是无穷的,一方面它让我们在浩渺的宇宙中找到自己的位置,另一方面它也能够赋予我们足够的动力和智慧,让我们超脱现实,接近理想的星空。

每一个人都有他自己所生活的时空,每个人都在历史网络的特定节点之上,我们无法脱离自身所在的现实,但这并不意味着不同的个体就拥有完全不同的生活。人类对于美好、自由、崇高的追求在任何一个时代都是一样的,我们在《伊利亚特》中、在《吉尔伽美什》中、在《诗经》中所能感受到的人性以及心灵都是一样的,我们为真挚凄美的爱情所打动,为英勇和高尚而倍感钦佩,人类永恒的精神渴望都是一样的,那些绝对的美好如同柏拉图的天国一样超越时空的束缚,吸引着历史网络中的每一个人,它让人暂时摆脱现实的羁绊,心灵向着人类最梦寐以求的星空靠近。

在那里,在那个绝美之境,每个人都不在历史的网络之中,即使他带着历史本身所赋予的睿智与释然,但仍与历史没有关系。他们不再构成历史的网络,他们更像是夜晚的一颗颗星星独自布满天宇,他们是并列的,他们是独自追求个体繁荣的存在。在这样的理想之地,人人都试图让自己的认知之树走向繁荣,同样也让他人的认知之树走向繁荣。这是一片郁郁葱葱的个体繁荣之林,人们友爱互助,为的都是自身与他人的共同完满,这也许就是人类共同的向往。人类的历史被这些美好的共同向往所吸引,它正在缓慢地向其靠近。虽然我们每个人都离不开现实,但是这些向往会让我们的自身变得更加美好,它为人类的共同进步提供了永不枯竭的动力。

我们需要偶尔脱离现实,让自己的心灵感受理想星空的存在,在这里人类是站在了历史的顶峰的,所有存在过的人都可以来到这里,所有历史上的幸福与不幸都已经化成了圆满包容的智慧。在这里人类已经远远超脱了时空以及种族的限制,他们将以完善自身的知识和智慧为最基本的生活方式。这里人的道德近于完善,每个人既为自己也为他人创造心灵的至福。人就是历史,人就是他人。历史上早有一些智者已经从历史的网络中解脱出来,到达了理想之地,他们的心灵是自由的,即使在世俗的喧嚣与羁绊中也能够按照自己纯真的心性生活,追求作为人本身最天真与崇高的美好。这样的人并没有生活在某一个具体的时代,而是生活在不变的时空之中。

当然,我个人并不提倡那种脱离历史的生活,虽然其在某种意义上代表着无上的智慧。但那样无疑忽略了历史所具有的无限价值以及责任。但人的确也应该从某种意义上获得解脱,从而登入永恒之境,因为只有这样人才能够体现出具有普遍存在意义的自由。人是一种奇妙的存在,他既为现实活着,也为看似虚幻的理想而活着。也许人的这种存在本身就意味着无休止的纠结,做现实的奴隶显然是对人性的一种浪费,而忽略现实,单纯地投入理想,就会陷入一种虚幻。我们必须善用历史。回望历史之河,无数的智慧依然如夜空中的星光一样指引着我们的生活方式,所有前人的经验以及教训都可以化为我们的资粮,让我们既扎根现实同时又靠近理想的天空。我们应该尽力找寻两者之间的平衡,在现实与理想之间建立起巧妙的结合。扎根于现实,然而并不被现实所奴役,必须从历史的宝库中尽力寻找一切能够帮助我们认清现实的知识以及智慧。这所有的一切都是为了更好地完善人类以及自我本身,冷静深刻地认识历史,传承优秀的精神,我们无法真正摆脱现实之网,但我们却可以摆脱世俗之网。理想的天空指引着高尚而睿智的心灵,我们被这样具有绝对性意义的美好指引着,因为我们在其中将获取作为人最本真的自由、尊严以及意义,同样它也指引着整个人类的历史,让人类的历史不断地向其靠近。现实世界仍然充满了各种野蛮而又丑恶的原始欲望,在信息时代它们仍然能够在众目睽睽之下掀起波澜。然而我相信只要人人能够立足现实又真正心怀美好,人类总会不断地接近更高级的幸福,在那里,人类历史宛若天国般充满耀眼的光明,三层次之河汇成为一,人就是历史,人就是他人。

8 社　　会

　　如果将前文提到的历史之河在垂直于时间的维度上斩断,那么所得到的历史之河的切口就展示出人与人之间在某一时刻的关系。把目光聚焦到历史之河这样的截面之上,并让时间维度退居到次要的位置,那么实际上就是关注到人类的社会关系。历史和社会都是那条历史之河的不同截面,在某种意义上,两者本身就是一体,是人类所呈现的复杂联系系统在不同维度上的不同展现方式。

　　从这样的截面上看,人与人之间呈现的关系虽然极度复杂,但宏观上仍然呈现出一定的规律性,这些规律性就是社会学家们所关注的重点。事实上,社会学家们更关注人与人之间信息层的关系,这一层次的关系相对于知识层和智慧层来说是易于发现和把握的,因为它更能体现人类社会静态关系样貌以及社会互动的客观性。所以,社会学家们也许并不像历史学家那样纠结,虽然信息层、知识层同样受到智慧层的支配。

　　从信息的视角出发,一切生物都是将自身和外界区分开来,并通过自身与外界的联系来构建自己的存在的。这就意味着对于任何生物来说,自身都是构建这个体系的核心,那么自身也就是其宇宙的中心。相对于人类这样的智慧生命来说,其他生物对自身视角的依赖是最重的,但人类凭借强大的理性将自身从这种认知的中心拯救出来。人知道他人如同自己的存在一样真实,肯定他者具有和自身一样的客观地位,即便如此,人仍无法彻底摆脱自我的中心性,这就是人作为一个与外界区分的系统所固有的特点。智慧层的生物本能鼓动着人类让整个世界对自己俯首称臣,这是生物内部信息处理模式的本质决定的。这就意味着,智慧层所包括的这些指令,具有先天的侵略性,不同的人类个体之间必然存在着智慧层之间的交叠和冲突,即使父子之间、亲人之间同样如此。智慧层将自身幻化成一个向四面八方扩散的权力球体,它试图扩散到整个宇宙,它朝向他人并和他人的球体重叠渗透,这样人和人之间就产生了冲突,因为他们试图互相支配。但总有一天他们将认识到,自身的中心性只不过是一种具有个体视角性的幻觉,越是试图将自己视为中心,越容易引发冲突,从而越容易导致失败,因为没有一个人是宇宙的中心,中心只不过是一种自我的错觉。但人毕竟存在理性,道德和法律就代表着在不同球体之间的妥协,于是人与人之间的关系将不是混淆在一起的本能与欲望的泛滥之海,它们被包裹成一个个整齐的胶囊,镶嵌到历史的河流之中。

但动物并不具有理性,因而无法像人类一样。越是低等的动物,越是将自己作为世界的中心,即使它本身并没有意识到这一点。它在狭小的范围内生活,趋利避害,弱肉强食,外界对于他们来说只是现实的生存环境,除了同伴(对于有这种认知的动物来说),其他活动的东西要么是敌人或者威胁要么就是食物。简言之动物是以自身为中心的方式来组建自身与世界的关系的,它们没有平等的他者的概念,因而它们无法组建人类意义上的社会概念。人类社会从自发状态走向自觉状态本身就是一种个体不断地去中心化的过程,弗洛伊德所说的那个本我仍然体现着强烈的个人中心色彩,它试图占有整个世界并为所欲为,自然界乃至整个宇宙以及他人对于这个充满贪婪和野性的本我来说都只不过是满足欲望的工具。如果人类的心灵结构依然像动物一样低等,那么人类也就进化不到现在的文明。幸运的是人类的心灵机器已经极为复杂,本我那充满了爆炸性威力的火焰被控制在精神发动机的气缸之中,它只能按照某种合理的有规矩的方式将这些原始的能量释放出来。它被封装,受控制,它的辐射力被收拢在心灵机器的内部,自我中心化的倾向被强烈地削弱,从而尽力避免与他者自我的交叠所引发的冲突。

位于弗洛伊德人格结构中间层的自我无论是主动的还是被动的,都体现了人类对他者的认同,因而自我遵循人在社会生活中的现实原则。在弗洛伊德的理论中,自我是人位于本我和超我之间有意识的部分,它承上启下将两者联系起来。自我明确内心愿望和外界环境之间的界限,外界环境中最重要的就是他人,自我正是在合理地处理自己和他人之间关系的过程中获得本我欲望的满足的,即使这种关系是自发的。不同个体之间的关系,在宏观上将呈现出一定的规律性,这些规律性就是前文所说的信息层连接所体现出的规律性。自我层面至少在被动意义上对自身进行了去中心化,因而人类社会能够在这样的基础上自发地构建起来。但人类社会早期特征仍然体现了自我中心化具有的强烈色彩,直到民主社会的出现,才代表着这种去自我中心化的过程达到了一个相当的高度。

超我更是一种对他人存在的自觉性肯定，这种肯定代表自身内在的、主动的、深刻的对他人的肯定，因而超我将自发产生道德原则，它追求精神上的完美，在人格结构中占据顶层。如果每个人都能遵循高尚的道德原则，那么也许社会就不需要法律。超我是对本我中心化的再一次集束，是一种自发性的集束，它将个体进一步封装在合理的范围内，每个人都是一粒粒能够与他人和平共处的"胶囊"，它们在一起能够组建一个平等的，同时也是能够让自我繁荣的社会。但群体中不同个体道德素养的发展水平是不一样的，对于那些不能将自身有效地控制在合理边界之内的个体，则需要通过法律强行约束，法律就像模具一样将个体强行地控制在一个特定的边界之内。越是具有较高的道德素养（特别是将自身和他者放在同一水平的、体现平等和自由的道德），法律发挥作用的余地也就越小，同时社会的总体幸福水平也越高。

人是从动物进化而来的，我们可以通过较为高等的动物社会来寻找人类社会早期的影子。黑猩猩社会在动物组成的社会中最接近人类，对黑猩猩社会的观察，对于揭示人类社会的早期特征具有非常重要的意义。从信息的角度，所有生物都是从外界和自身的联系中来组建自身的，所有有限的生命都具有这种结构所先天赋予的自我中心化倾向，只不过人因为高度发达的心灵结构能够将这种倾向包裹起来，以至于创造自我实现的更高级策略。但动物却并不具有这种能力，它们组成的社会，更多地体现为一种自组织方式形成的体能和欲望等构成的短暂均衡，这种均衡不断地被年轻的崛起者挑战，直到旧的平衡被打破，新的平衡被建立。动物群落中的首领，就是那个自我中心化扩展最广的个体，黑猩猩社会的首领掌握大权，它在自己领导的群落中享有最大的性交份额，其他雄性黑猩猩只能按照等级次序依次递减地分享首领剩下来的性交机会。同样，在食物方面，以及其他资源面前，黑猩猩首领也是最大化地以自我为中心。当然为了能够实现自身的目的，黑猩猩之间也会合作，彼此构成联盟，首领有时也会顾及其他成员的利益，但这只是对自我中心的暂时妥协，如果能够毫无威胁地利用周围的资源，那么首领将尽可能地支配和利用它们。这一点同样适用于人类。

即使我们无法清晰地了解黑猩猩的智慧层，但它的智慧层中不可能有类似于人类文化所体现的精神因素，因而它的自我中心化过程主要是以本能欲望为核心组织起来的中心化，如食欲、性欲、繁衍竞争等等。这是一个由体能和力量来控制平衡的社会,这种平衡的基础薄弱、范围有限且危机四伏,因而黑猩猩的群体规模有限。

人类社会也许就是从黑猩猩社会这样的初级形态演化出来的,也许人类社会的早期同样受到强大的本能支配,同样靠身体来决定谁是部落的首领。但是后来,人的脑容量不断增加,智慧层除了原始的本能外还增加了其他的内容,智力因素在相互平衡中的地位提升,以及对死亡的觉知、疑惑和恐惧等等因素形成了人类社会早期的宗教意识。一些精神性、信仰性的东西进入了智慧层,它们和本能杂糅在一起,使中心化的扩散过程变得更加复杂曲折。这个时候控制人类行为的不仅仅包括原始的本能,还有一些后天习得的观念,因而组织人类关系的因素不仅仅包括首领的体力,还包括首领的领导能力、个人魅力以及思想因素。正如尤瓦尔·赫拉利所说的,人类共同的想象力开始发挥作用,借由这种精神性因素的想象力,人类能够在更大的规模上组织到一起,文化成了人类社会区别于动物社会最明显的特征,并开创了一条完全不同于生物维度的进化路线。

然而,在人类早期,生物性本能一直占有非常重要的地位,但信仰的力量在不断提升,终于它登上了历史舞台,统治者不得不屈服于这种信仰的力量,至少在这样强大的力量面前他懂得要将自己的本能收敛或隐藏起来,并且巧妙地利用信仰的力量来实现自己的根本目的。当人类的主要生产方式从采集、狩猎转向农业,精神的力量进一步得到发展,较大规模的社会形态开始组建。今天所知道的最古老的社会就是苏美尔和古埃及,也许最早的城市的产生要远早于两者。塞缪尔·E. 芬纳的三卷本《统治史》是20世纪西方政治学的传世巨著,翻开《统治史》我们接触到的最早的政治模式就是苏美尔和古埃及的神权政治。统治者的权力是建立在共同信仰基础之上的,他们巧妙地借助神祇的力量垄断信仰,并控制整个国家。当文字和军队用于加强这种统治时,这种统治也得到了空前的加强。无疑这种统治时期统治者中心化倾向极为明显,但它的结构巧妙而复杂且基础深厚,因而它所构建起的平衡远超于动物社会,很少有力量能够将这样的非均匀的中心化的社会平衡打破。人们渐渐屈服于统治者的权力,统治与被统治渐渐变得顺理成章。

然而,古埃及和苏美尔这种早期的社会组织形态是非常落后与原始的,它并不能很好地促进人类的发展。原因在于在这样的组织结构下,统治者最大限度地实现自我中心化,原则上统治者可以毫无顾忌地支配国家资源,渐渐地统治者的生物性本能被重新释放出来,没有任何可以与之抗衡的力量,生物本能如同恶魔般统治着整个社会，它如此贪婪、残暴，无疑会导致社会复归野蛮。这样的社会是不利于人类整体发展的，它会使社会陷入一种相对停滞的状态。在这样的社会里统治者追求无节制的生物性享乐，而被统治者追求生物性的生存。即使两者都创造了较为辉煌的文明，但这种文明相对于当时人类的潜能来说极为有限。

在古埃及、苏美尔，这样的社会形态延续了数千年。斩断古埃及和苏美尔的历史之河，所得到的这条历史之河的截面就是当时两种社会的组织关系。宏观上两者呈现的特征是极为相似的，两者都呈现出统治阶级的中心化。这个截面也是具有三个层次的：信息层、知识层以及智慧层。在信息层我们能看到什么呢？也许最明显的就是普通的劳动者一年大部分的劳动所得都得以纳税的方式被剥夺，被剥夺的部分远超于合理的部分，它们用于满足统治者的私欲。知识层同样被控制着，他们的思想受制于祭司，而祭司本身也与统治者相互勾结。至于智慧层，简直就是一片贫瘠的荒原中出现的一棵参天大树，不过这棵大树是病态的，它肆无忌惮地抢夺周围一切人的营养，却只发展自己的本能，它根本不懂得个体繁荣的含义，只懂得对欲望的贪婪满足。然而个体繁荣是需要相互激荡的，只有在智者之间才能更增进智慧，如同网络的繁荣，如果没有彼此间的相似与差别就没有整个网络的繁荣。

如果人们关注到历史之河截面本身所呈现的结构，并且把这种结果作为思考的对象，那么在某种意义上就意味着社会学的诞生。我们不知道在几千年的古埃及社会里是否有人思考过社会组织模式本身，但到了古希腊，亚里士多德的政治学产生了。亚里士多德生活在城邦时代向帝国时代的转折时期，他详细地比较了158个城邦的政治文化，并以系统的理论化的方式将研究成果展示出来。亚里士多德界定了政治学的基本问题，他的政治学基本理论主要包括国家（城邦）理论、政体（国家政权组织形式）理论和法治理论。国家理论中，亚里士多德探索了国家的起源问题，他认为国家是自然进化而来的，人天生就不是自足的，天生就是合群的，家庭、村落只不过是这种组织的中间发展阶段，在这样的组织中人只具有生活的可能性，但无法达到至善。国家才是社会组织发展的最高阶段，国家是社会自组织的终极形态，处于最高层且已经发展完备，国家是一种"至高而广涵的社会团体"，只有在国家中人类生活才具有了至善至美的现实可能性。亚里士多德对国家的认识体现出了极强的人本主义色彩，这一点对后世影响深远，被诸多学者接纳和发展。

政体理论在亚里士多德的整个政治学理论中具有很重要的地位,从某种意义上说政体理论反映的就是人与人信息层之间的关系问题。如何组建人与人之间的信息层关系,如何安排政权,政权实施的动力机制如何,这种组建的受益者是谁,这些问题就是整体理论所关注的。亚里士多德将政体划分为六种类型,包括三种正宗政体和三种变态政体:君主政体、贵族政体和共和政体被称为正宗政体,而僭主政体、寡头政体和平民政体被称为三种变态政体。这六种政体属于主要政体类型,向下还可以具体细分。六种政体类型可以说代表了六种不同的信息层关系结构,不同的信息层关系也反映了不同的智慧层关系,这种关系在静态和动态上都存在差别:静态关系反映的是社会的静态结构,而动态关系反映的是社会权利的作用机制。

亚里士多德政治学理论的第三部分是法治理论。亚里士多德认为基于法律的统治是最好的统治。法律是一种不带感情的智慧,它由多数人制定,代表了多数人的智慧,因而通常情况下它总高明于个人的智慧。通过法律来治理,个体的欲望受到法律的约束,因而限制个体欲望的泛滥,避免个体的胡作非为。社会结构的运作必须以法律为保障,如果没有法律约束,如果不是治者和被治者都在法律要求的轨道之内,那么再好的政体也将毫无意义。

亚里士多德对政体结构的划分可谓开创了政体类型的先河,即使到今天政治学对政体的划分仍未离开亚里士多德的框架。生活在城邦时代向帝国时代转化的亚里士多德,希望能够通过政体找寻到构建理想城邦的原则,而政体类型研究正是这种探索的核心部分。亚里士多德认为城邦是平等自由公民的自治团体,因而理想的政体应该是民主的政体,民主是公民由身份而产生的权利,应该让全体公民参与政治,公民平等轮流治理,才意味着正义。理想政体的探索延续了《尼各马可伦理学》的思维逻辑,而《尼各马可伦理学》重要的原则就是中庸原则,理想政体以处于中间位置且人数最多的中产阶级为基础,因为这一阶级处于中间位置,因而具有了较为理想的"中庸"的美德。他提倡寡头制和平民制相混合的民主整体的权力结构,因为他认为那些包含较多元素的政体趋于完善,因而他提倡寡头和平民的混合制。

柏拉图同样探索过理想的国家和政体,但与之相比亚里士多德的探索更具有学科性、理论性、体系性和一般性。亚里士多德将政治的研究学科化,真正开创了政治学研究先河,它就像政治领域崛起的第一股理性意识流,将人类的信息层关系置于理性的阳光之下,从此人与人之间的关系成为一种能够让人活得更加幸福的思考对象。亚里士多德的理论框架为早期仍处于萌芽状态下的政治学建立了大地般坚实的坐标系,从此政治学从混沌中走了出来,天空和大地都变得明晰,这为后续的研究者指明了道路。

拉斐尔的《雅典学院》中,指着天空的柏拉图仿佛正与掌心向下的亚里士多德展开激烈辩论,师徒二人在基本的哲学观念上存在根本差异。在社会治理的主张上,柏拉图更倾向于人治,而亚里士多德倾向于法治,不过无论如何,作为早期探索理想社会制度设计的巨著,《理想国》都不应被忽视。事实上,理想国是两千多年前人类历史上第一个全面而系统的社会制度设计的尝试,虽然这种制度的设计在现代人看来存在很多问题,但毕竟它代表了人类理性对于人类社会关系的深刻觉醒,因而它对人类历史的影响极为巨大深刻。相对于亚里士多德对理想社会的探索来说,对话录中的理想国具有更为丰富的哲学、教育学以及文学等意涵,但这里主要关注的是理想国中的制度结构。

在柏拉图的理想国中,人无疑是存在高低等级差异的,因而对于这样的社会来说,有些人的智慧层、知识层以及信息层的权利是被彻底压制的。对于低等级的个体来说,在这样等级森严的社会中已经被彻底剥夺了人性。柏拉图认为每个等级都有自己应该做的事,你应该这样应该那样,但就是不考虑你的个性,个性是不存在的,同一个等级的人就像同一个模具中出来的复制品一样,机械地适应城邦的需求。理想国的最高统治者是哲学王,哲学王这一概念意味着柏拉图把所有个体智慧层的权力让渡给了唯一的一个人,哲学王的智慧层从而成了整个国家的核心,他就是国家最高智慧的化身。柏拉图试图通过这种方式带给每个所谓的公民以幸福,但这本身就是矛盾的,即使哲学王充满了其他人不具备的智慧和道德,但对于每个人来说自己的智慧层才是自身存在的价值和意义,被一种思想所垄断,即使这种思想具有再优秀的特质,它也不属于自己,那么对于这个无辜的个体来说仍然是一种残忍的谋杀。

如果说柏拉图试图通过一种社会普遍智慧所达不到的哲学王的智慧来统治国家,试图建立一个社会平均认知水平所无法企及与构建的理想社会,那么这种愿望即使再怎么美好,也终归是非常天真的。柏拉图不能让每个人都成为柏拉图,哲学王的至高境界也并非一种。把哲学王作为整个智慧层的核心本身就是有问题的,在这种制度里哲学王本身就已经越界了,即使他达到所谓的至善,但对于他人来说这也是一种具有侵略性的至善。一个人的智慧是随着生命的能量一起波动的,它可以在某一个方面或者某一个瞬间远远超过整个人类的认知能力和水平,但从智慧的全面性、普遍性和恒久性角度来说,个人的智慧是存在缺陷的,是片面的,所以社会更需要亚里士多德所说的"不带感情的智慧",也就是社会的法律。

哲学王成了柏拉图理想国社会关系的核心,总体上看社会呈现一个并不均衡的中心向外逐级扩散的结构。柏拉图的理想国中,哲学王的智慧层中心就是整个社会网络的中心,他的意图逐层缓慢地向外扩散,并且这种扩散过程也是相对随意的,它并不遵循法律的轨道,而是遵循人的德行。柏拉图强调哲学王的智慧和道德,试图通过这个能够达到至高之境的智慧层提升整个社会的幸福。柏拉图的想法是好的,但过于理想和不切实际,原因在于他过于通过探讨个人的方式来探讨社会,将个人与社会的类比超过了合理限度。对于个人来说他的想法是有一定道理的,但将这些应用于整个国家和社会是错误的。每一个人都应该受到平等的尊重,每个人都有自己的情感、激情、欲望、缺点等等,如果人的自然天性在某方面受到不公平的压制,那么在这样的环境中生存就很难感到幸福,从某些方面来说柏拉图的理想国是机械的、冷血的,对于大部分社会成员来说缺少人性。

不过,柏拉图的初衷始终是美好的,按照他的想象哲学王的智慧和德行能够让整个国家达到他所能想象的最佳的善,因为哲学王的智慧能够超过社会平均水平,因而哲学王统治的国家也能超过普通意义上的国家。但社会毕竟不同于个体,这种国家的设想超过了现实所允许的边界,不同的个体并不相当于人体的不同器官。尽管理想国的对话录中包含很多超凡脱俗的天才想法,包括众多远远超过整个人类总体水平的哲人智慧,但柏拉图的理想国也只是美好的理想,如同远离实际的虚幻的梦境。

与此相对,亚里士多德的理想社会就现实多了,他强调社会构建的中庸原则,考虑中间阶级的公平和自由,把中间阶级作为社会的基础。亚里士多德理想社会的静态结构是非中心化的,至少对于占大多数的中产阶级来说是这样。而且在动力机制上,亚里士多德强调法律的重要作用,权力的运作机制在理论上也受到限制,按照规则进行。在规则的引导下,人们将获得更多的安全感和稳定感,因而也能促进更普遍的幸福感。柏拉图的理想国能够折射出个人独善其身的睿智与超然,但亚里士多德的理想社会更透露出理想社会构建过程中坚实深刻厚重的理性光辉。从此以后,社会学建立起来了,人类首次将人类的整体幸福置于理性的光芒之下。

西塞罗是罗马时期最重要的政治学家,《论共和国》包含了他的政治思想,是其最重要的政治学著作。这部作品同样以对话的方式讨论了什么样的国家是最理想的,但是相对于柏拉图的《理想国》来说,西塞罗的理想国家更接近于现实,因为他将眼前的罗马政体看成理想政体,并且用一生的精力乃至整个生命去捍卫罗马的共和传统。西塞罗最重要的政治思想包括他的共和国理论和自然法理论。在共和国理论中,西塞罗突出了人民的重要性,即国家属于人民,为人民所拥有,但人民不是某种随意的几何体,而是许多人基于法的一致和利益的共同而集合起来的集合体,因此他认为国家就是人民的事务。共和国中人民的集体力量拥有最高权威,人民的幸福是至高无上的法律。可见,西塞罗的政治思想蕴含了丰富的人本主义思想,他的人类平等思想(尽管还存在缺陷)可谓开创了一个新时代的大门,并对后来罗马法的发展,甚至再后来的宗教改革以及启蒙运动都产生了极为深远的影响。

这样,在政体所对应的知识层的社会关系画卷中,人民的地位以一种空前重要和明确的方式被提出来了。西塞罗的论著总是能够让它所包含的无论是其本人还是来自古希腊的思想熠熠生辉、广为人知,就像学者们经常借用的萨拜因的话,"一种思想一旦被编辑进了西塞罗的论著之中,那它实际上就在整个未来的时光里为广大的读者所阅读"。人民的重要性受到更为广泛的重视,在这样的画卷中,人与人之间的关系在宏观层面上显现为多中心的,这是一个追求人民幸福的社会的外在表现。西塞罗不仅确立和肯定了权力的主体,还明确地分析了这种以人民幸福为目标的权力运作机制和方式,这就涉及他的法律理论。政治权力只有以法律为依据才能够是正当的,而法律必须服从道德和正义的原则。在《论法律》这部著作中,西塞罗在斯多葛派自然法学说基础上系统地提出了自然法理论。斯多葛学派认为宇宙中存在一条支配一切的普遍法则,当然这样的法则属于一种哲学性质的理论,但经过西塞罗的再创造,它转变为一种应用于人类社会的自然法。这种自然法则在任何人类的法律创造之前就已经存在,这种永恒不变的超越国家和种族的法律就是政治行为的根本依据,它代表着一种自然理性,是正义的源泉,也是人类一切法律的源泉。西塞罗强调全体人民的政治权利,只有在法律的约束下并通过法律行使,才属于真正的人民的权利。"我们是法律的仆人,以便我们可以获得自由。"西塞罗的这句话,渐渐演变成了欧洲人的根本信念。国家属于人民以及权力来自人民,法律是权力行使的最终依据等等观念也成了欧洲人普遍认可的政治常识。西塞罗无疑赋予了理想更多的实践意义和价值,他思想崇高,一生拥护共和精神，在后来相对黑暗的岁月里，西塞罗的共和精神一直源源不断地在欧洲的大地上散发着自由与平等的光芒，也为后来民主国家的建立埋下了思想的种子。

以更加柏拉图的方式延续了柏拉图《理想国》思想的是英国的空想社会主义创始人托马斯·莫尔。他的名作《乌托邦》旨在构建一个对于每个人都绝对公平的世界，即对于这个国家中的所有成员来说，他们之间的社会网络关系是绝对平等的，无论是信息层、知识层还是智慧层，这里不允许任何一个人成为网络全局以及局部的中心，是相对于专制政体的另一个极端。"乌托邦"这个词是托马斯·莫尔创造的，它由两个希腊词根组成，否定情态动词加上名词地点，意指现实中并不存在的地方，他在写给伊拉斯谟的信中也指明了这一点。在《乌托邦》这部书中，莫尔以一个航海家的虚幻旅行展示了其对理想社会的憧憬。对乌托邦的描述同样是以对话的方式展开的，航海家拉斐尔从社会制度、价值观念、生活习惯、法律以及宗教等多个方面详详细细地向彼得·贾尔斯做了介绍，于是乌托邦的面貌就在这个讲述过程中浮现在了每一个阅读者的眼前。

乌托邦是坐落在一个月牙形岛屿上的国家，岛屿上有54座城市，这些城市之间并没有太大的差别，它们规划得井然有序，除了地势原因造成的不同之外，其他几无差别。位于地理位置中心的亚马乌罗提是乌托邦最主要的城市，它相当于乌托邦的首都，每个城市每年都要派遣有资历的老议员前往这个城市，商讨他们共同关心的问题。这54个城市里拥有着几乎同样的生活习惯、语言以及法律，这未免显得过于单调。当你走在任何一座城市的街道上，恐怕最先感觉到的就是令人难以忍受的单调，这里的人们几乎穿着一样的衣服，同样的颜色，同样的款式。虽然这里也有黄金、珍珠等饰品，但只有孩子们才会穿戴，一旦他们长大就绝不肯再佩戴任何饰品，因为他们认为饰品和玩具一样只有不成熟的孩子才会喜欢，佩戴黄金会被当作一种耻辱的标志。如果知道了这些，当我们看到城市的垃圾桶以及马桶是使用黄金制成的，就不足为奇了。这个国家也有诸如摄护格朗特的官员以及国王，但他们同样朴实无华，你几乎无法从外表和穿着上将他们和普通人区分开来。事实上，他们只不过是人民投票选举产生的公务员，除了社会分工的不同之外，和普通人差别并不是很大。

拉斐尔在讲述一个外国使团来到乌托邦的情景时展示了非常戏剧性的一幕：国外的使节为了彰显高贵，穿着华服，佩戴贵重的首饰，可乌托邦的人向来都不把这些外在的华服和首饰当成高贵的象征，反而认为是低贱的象征，他们甚至用黄金给罪犯打造刑具。结果乌托邦的人以为这个使节是仆人,而他后面跟着的那些衣着朴素的仆人才是真正的使节,结果这位使节为自己的装扮感到羞愧,去掉了这些毫无意义的装扮。对于乌托邦的人来说,这些外在的东西和高贵本身毫不相干,就像内在的幸福与贪婪以及炫耀毫无关系一样。

乍看起来,这里人的生活也是单调异常。他们各司其职,农民种地、工人做工,每天只提供六个小时的有效工作,剩下的时间用于睡眠和自由支配。事实上,这里的人有充足的时间用于学习和娱乐,追求内在精神世界的幸福,所以即使他们衣着单调,生活看似简单,也并不妨碍他们内心的幸福。也许待得久了,我们也会被他们的生活所感染,出于对他们更为纯粹和深沉的价值观念的认同,甚至会感觉到他们的衣着之美,因而可能产生莫名的同时也是真心的羡慕。当你把注意力从他们的衣着转向他们的表情时,你会发现,他们的脸上挂着恬淡的安详,以及真正的快乐。充斥在我们生活中的焦虑、痛苦、不安以及狂躁在这里几乎看不见,原因在于乌托邦已经为每个人在所有方面都提供了足够的支持,生活中已经不存在任何使他们忧心忡忡的理由。他们只要认真地全心全意地履行对社会的义务和责任就足够了。因而在这样的国家里,人们就有了充足的时间去追求内在的幸福,每个人都平等地拥有让自身精神境界提升的前提和基础。因而这是一个虽然表面单调,但却最尊重人性的国度,在这里人们拥有更多的机会接触到灵魂的崇高。

但最重要的是,乌托邦的一切全都是建立在公有制以及物质极大丰富的基础上的,因而他们的生活才能够脱离私有财产以及货币交易。随着这样的经济基础而来的是,一般观念里的尊贵、宏伟、辉煌和特权,以及那些我们追求的华而不实的东西都将不复存在。拉斐尔最后夸奖这个乌托邦,认为它是世界上最好的国家,并且值得推广。这是莫尔的早期的乌托邦,它为后来的科学社会主义的产生打下了基础。后来还有很多学者如康帕内拉、欧文、圣西门和傅立叶都曾探索过人类的理想社会,他们的观点虽有差别但都是追求"人人平等,个个幸福"的理想状态。

回过头来,如何从我们的理论来看待乌托邦呢?乌托邦的社会对应的是怎样的信息层、知识层以及智慧层网络图景呢?

首先,虽然乌托邦有奴隶、官员以及国王,但几乎是人人平等的。奴隶拥有足够的自由,而且奴隶身份并非终身的,国外来的奴隶甚至可以重返祖国,而奴隶的子女也并非奴隶。他们除了要承担一些繁重的工作外,几乎和乌托邦其他的国民没有两样。国王和官员也是如此,他们由匿名投票选举产生,受到法律的限制,他们只是公务员而不是统治者。至于普通国民,每个人都是平等的。因而从信息层来看,乌托邦社会勾勒的是一幅没有中心的社会网络的画卷,或者说每个人都是一个独立的中心。之所以能够建立这样一种关系,还是因为乌托邦的公有制,每个劳动者六小时的有效劳动解决了整个国家的基本生活问题,为乌托邦的存在打下了坚实的物质基础。每个人都不必为生存问题而处心积虑,不会为子女的教育和自己的养老和健康精疲力竭。乌托邦为每个国民提供的这些保障,为一个人追求更高层次的幸福提供了前提和基础。每个人用六个小时的有效工作,换来的是整个国家的物质繁荣,当然我们并不考虑这里的现实可能性,只是按照乌托邦的思路进行思考。这种关系结构是与中心化网络结构相对的,是另一个极端,如果抛开实际的可能性,仅仅从理想的角度来考虑,这对于整个网络的繁荣来说显然是有益的。不过也许乌托邦缺少多样性,因而会影响到网络的繁荣,当然这种影响是从内容上说的,而不是从结构上说的。

其次,乌托邦的制度为每个人追求知识提供了平等的机会。乌托邦的公民可以利用充足的业余时间进行学习,而政策上他们也为所有人提供了非常平等的机会。任何一个劳动者,不管他是什么工作岗位,只要他能够表现出优秀的研究能力,就可以从劳动中解脱出来,成为国家的专职研究人员。而且如果事实能够证明这一点,他就可以一直从事研究工作;但如果他的研究让人失望的话,就不得不重返劳动队伍,继续通过劳动的方式为社会贡献力量。这样,这个国家的人们就拥有了更多的追求知识的权利和机会,至于一个人的知识能够达到怎样的水平,更多地取决于个体的能力和兴趣,而非其他。

最后,智慧层也是平等的,乌托邦的宗教是自由的。只要不影响到他人,不制造冲突以及危害到国家,人们可以自由选择自己的宗教信仰。这意味着每个人都可以按照自己的信念活着,不同信仰之间可以相互探讨,但由于道德高尚而相互尊重。

总而言之,乌托邦是一个无论在信息层、知识层还是在智慧层上都追求平等的去中心化的国家,它在与柏拉图《理想国》中的对立面中向往着同样的善,它体现着人类单纯而美好的生活愿望。在这个理想的国度里,人人都在为社会做贡献,人人都从中获得生活的稳定、精神的自由,以及人生的完善与幸福。它所包含的历史之河的网络关系是最平等的、非中心化的,这样就为每个人提供了足够的基础、自由以及空间使其走向繁荣,同样繁荣的个体反过来又会促进整个社会的繁荣。乌托邦社会代表了一个极端,它这样的中规中矩,以至于有些方面又是单调乏味的,那么即使它再美好,是否意味着人类在这样的一种状态中会陷入发展的停滞呢?这种担心虽然在某种意义上说是合理的,但也许并不是必要的。因为乌托邦社会并不是封闭的,拉斐尔讲述的乌托邦不仅与邻国往来,而且还与距离相对较远的国家往来,它是一个非常开放的系统,而且它建立了灵活的宽容的军事体系来维持自身的稳定。另外,乌托邦非中心的网络体系加之强大的经济基础,使得乌托邦有更多双眼睛能够从容地注视外在的客观世界,从而增加了他们和所在世界的接触面积,加强了对宇宙和自身的认知。也许这样的世界是更适合于发展的,因为人们并没有将大量的精力浪费在尔虞我诈之中。

乌托邦的社会虽然存在诸多缺陷,至今还只能存在于文学作品之中,但其中毕竟蕴含了人类最宝贵的思想,因而对于整个人类社会来说具有非同寻常的意义,并且对欧洲社会产生了很大的影响。正是继承了空想社会主义精华的基础,才产生了后来的科学社会主义理论体系。

科学社会主义是由马克思、恩格斯创立的一种社会主义理论形态,"科学"与"空想"是相对的,与空想社会主义不同的是,科学社会主义并非虚构而是建立在客观现实的基础之上。马克思回顾了人类的发展历史,创立了唯物史观,并以此揭示资本主义社会的本质矛盾,并在剩余价值学说的基础上,论证了资本主义社会必然被社会主义取代的历史必然性,从而完成社会主义学说从空想向科学的迈进。

社会主义是资本主义向共产主义发展的过渡阶段,经过社会主义阶段人类将迈入到各尽所能、各取所需的共产主义社会。共产主义社会是人类社会意识形态的高级阶段,共产主义将彻底消灭生产资料私有制,并建立一个没有阶级制度、没有剥削和压迫,实现人类自我解放的社会。

《乌托邦》里提出了理想社会的最初构想,虽然这个理想的乌托邦社会还很不成熟,但是其中蕴含了最宝贵的成分,所以马克思和恩格斯将托马斯·莫尔看成是最早期的社会主义者。马克思的科学社会主义理论,让我们看到人类迈入到社会主义以及共产主义将是人类发展的必然趋势。

以大数据、人工智能等为代表的信息技术在人类的历史发展中将起到什么样的作用呢?首先,从信息层来看,大数据、云计算、人工智能的发展极大地提高了人类的生产力,使人从信息层那些没有必要的繁重劳动中解放出来。莫尔的乌托邦中每个人仍然需要每天六个小时的有效工作,但随着大数据、云计算以及人工智能等一系列技术的发展,人类很多日常性的毫无必要的劳动将被这些技术所取代。

布满机器人的现代工厂，装满了传感器和机器人的现代农场等等，仿佛都预示着未来每天六个小时的工作已不必要。无论是从精度上，还是从模式的集约程度上看，信息技术都远远超过了人类。也许，正是大数据、人工智能等信息技术为我们打下共产主义社会雄厚坚实的经济基础，人类得以从事更高层次的劳动。其次，从知识层来看，由于信息技术的辅助，人类的知识层行为同样得到很大提升，人类大脑能够以更宽阔的视野去寻找知识的本质。也正是由于更多的人从物质生产的繁重劳动中解脱出来，他们可以更多地在知识创造中发挥作用，就像马克思所指出的，共产主义社会人类的第一需求将是探索世界，而且这些探索更多是在信息技术的帮助之下进行的。人类将会在更高的层次上认识宇宙，社会不会停滞，宇宙实际上为我们提供了无限的空间，这也意味着人类的无限进步。最后，讨论智慧层。随着前两个层次的繁荣，人类智慧层的繁荣也是必然的，关键的问题是人类必须得保住智慧层的主导地位，人工智能在信息层和知识层部分取代人类，如果再在智慧层取代人类，那么人类存在的意义就消失了，因为这意味着人类的创造物对人类自身的全面否定，人类发明了让自己的存在变得毫无意义甚至可以被取代的技术，从而人类有可能在生物学的意义上走向灭亡。但这一点无疑是可悲的，人的存在本身必然得是人性的，人类的高贵如果不是建立在自身生物性的基础之上还将有什么意义呢？我强烈怀疑以现代信息技术为基础的人工智能能够取代人类智慧层的可能性（甚至关于人工智能的理念方面我站到了罗杰·彭罗斯的一边，需要从数学等方面去探讨强人工智能的理论问题），也极度重视身体从生物学层面对智慧层的决定作用，总之用一句也许短视但捍卫人类尊严的话说："没有人性的人的存在就不能算是存在。"智慧层的繁荣应该是人类自身智慧层的繁荣，如果人工智能仅仅在知识层和信息层为人类服务，就像我以前的著作《信息的演化》中所提到的，那么人类将真正生活在一个理想的社会之中，这样的社会将是有益于个体繁荣的，而这样的个体繁荣也将极大地促进整个人类社会的发展。

如果人类合理地应用现代高度发达的信息技术，那么它就会极大地促进人类在民主、文明、和谐、自由、平等、公正、法治等方面的发展，就像我国高度凝练的社会主义核心价值观所表达的那样。在信息技术的帮助下，人类将更快地步入共产主义——全人类最美好的时代，一个物质极度繁荣、意识水平高度发达、更加具有高尚的德行和智力繁荣的时代。

从此，人更接近宇宙，也更接近于自身。

9 生命的线团

到这里我的信息三部曲《信息的演化》《信息与存在》《信息与理想》就基本完成了，关于这个主题的讨论也即将告一段落。而这一节我将对这一系列作品进行简单总结。

近一两百年来人类认知进步的速度远远超过了历史上其他任何时期，但相对于宇宙的浩瀚与无垠来说还远远不够，宇宙仍将无数的奥秘和困惑留给了我们。所以坦白地说，人类仍然生活在被无限的未知包括的微小场景之内。所有人类的探索都是从人类生活于其中的有限已知开始的。这是人类的认知处境造成的，是无可奈何也是必然的道路。

对宇宙起源的认知，人类历史上大部分时间都是通过臆测和猜想开辟道路。只是到了20世纪，爱因斯坦广义相对论的提出，才为这一问题的科学研究提供了一套像样的理论工具，于是对宇宙的认知才真正迈进了科学和理性的大门。我是基于这个目前最可靠的前提来思考信息问题的，在这样的理论中时间、空间以及渺小的人类自身都是从一个奇点开始演化的。爱因斯坦告诉我们物质和能量本质上是同一的，我们设想宇宙产生的时刻只有物质和能量的疯狂运动，我把它们彼此间的相互作用看作一种联系，这样从宇宙开始的那一刻再到智能生命的产生这段极为漫长的历史中只有物质、能量和它们之间的相互联系，虽然物质和能量在本质上是一致的。我们无法想象一个没有任何智能生命存在的宇宙将是什么样子，如果客观的宇宙没有任何主体对其揭示，那么它的存在与不存在又具有什么意义呢？所以真正给了宇宙光明的并不是那些从混沌中解脱出来的自由自在的光子，而是智慧生命，或者更高傲地说就是我们人类本身。

人类也是这物质进化中的一部分，但奇妙的是人类进化出了智能，于是这团血肉组成的物质能够以一种先前宇宙中并不存在的联系模式与其周围的环境发生关系。它是一个整体，一个有生有死的整体，它揭示了宇宙的存在，于是将意义赋予了冷冰冰的物质世界。从整体上看，那些被人这个整体所深层次解读的物质世界的联系就是信息，然后我们又把信息这个概念扩展到其他动物、植物以及物质系统之上。

我把人的自我认知以及存在理解为信息运作结果的体现，于是人存在的根本实在在于这些信息的良好运作。如果信息在人体这个系统之内的运作出现问题，那么人本身很可能就失去了存在的本质和意义。健全的个体不仅在于健全的身体，更在于将自身相关的信息扩展到合理而广阔的范围。当一个人无法正常形成信息的回路时，实际上他已经不存在了。在第一部作品《信息的演化》中，我展示了个体信息组织的三个层次，这个模型最早是在我的一篇文章里首先提出的，后来就构成了这个主题的基础。

人生活在物质世界之中，但最根本的是这些物质基础之上我们形成的信息过程。整个信息过程被我分为了三个层次：基础的信息层，之上的知识层和最高的智慧层。我还推测其他拥有高等智慧的生命同样具有三层结构。人的一生就是这三个层次的变化过程，形象上一个人信息层面的成长就像一个不断变化的线团一样，所以人就像一个有生命的线团。但是这三个层次在运作过程中并不能总是保持一致或者协调，有时候三个层次之间会彼此脱离甚至出现矛盾，这就造成了很多问题，这种脱离现象可以解释或者部分解释人的信仰以及精神状态问题。

当然，人的成长是有特定环境的，而且是一个既有开始也有结束的过程。所以从存在主义的视角来看，人最根本的问题就是在这样的前提之下，如何实现自己。整个人类的认知都是非常有限的，而个体的认知更是小得可怜，所以在极度有限的范围内建立最为深刻同时也是最为宽广的联系就是最为重要的问题。一个人要不断扩展自身认知的边界，而且这种扩展必须要建立在牢固的基础之上。那么仅仅凭借自身的力量是远远不够的，也是行不通的，他必须要依靠其他人以及整个社会的力量来发展自己，不断将自身的范围连接到整个人类的认知边界，虽然我们只能在某一个细微的领域内接近它。但是人是无法接受认知上的独立与分散状态的，他总有一种将所有的认知组织成一个整体的内在倾向和诉求，也许因为人本身就是一个整体所造成的，我把这种倾向看作人的一种本能。所以在那些无法组织成整体的地方，人总得求助于一些主观推测和臆想来弥补能力以及认知上的不足，神话以及宗教之所以对人类社会产生如此深远的影响,一部分原因就在于它们可以提供这样的媒介以及力量。

对于人类这样的有限存在来说,最根本也是核心的问题就是生死问题。但是死亡本身却给生命带来了最大限度的困惑,没有任何答案能够填补这个问题本身所形成的巨大空洞。但什么是真正的死亡呢?除了肉体的死亡还有其他的死亡吗?如果一个人的生命是无限的那么是不是可以认为这也是某种意义上的死亡呢?对于这个问题也许每个人都要进行自己的一番探索,每个人都要对自己的存在本身负责。

一个人出生以后就开始构建自身的联系,这种构建是从本能开始的。在本能的驱使下,他开始适应环境,信息层和智慧层开始渐渐丰富。但知识层是在后来才形成的,通过系统的学习构成所引入。当知识层引入个体之时,需要重新对信息层和智慧层进行认识,在这样的过程中原有的内容将被重组、提升甚至彻底修改。知识层的引入将让一个人的认知体系更加健康、理性,从而为自身的繁荣打下坚实的基础。

从个体的角度来看,存在的过程始终是难以被彻底理解的,贝克莱的困惑同样会折磨每一个人的思维。但是人必须从这样的困境中走出来,因为获得最终的真相是不可能的,因此我们必须建立一个起点,物质世界本身就是这部作品思考的起点,从物质的角度开始探索人的存在,一个有生命的线团开始从简单走向成熟。知识层的出现重塑了其他两个层次,它让信息层变得简单清澈,而让智慧层能够有自己的内容。

一个健壮的认知体系结构是一个人存在的根本,它如何在单向的时间流中获得成长将是人生的关键。从形象上看,认知体系成长的过程就像一棵生长的大树,这棵树被我称为生命之树,它象征着一个人走向繁荣。繁荣的生命之树一定是匀称和健壮的,它不存在三个层次之间的脱离,它知道它的边界,它用两个层次缔造智慧层独一无二的果实,然后把它用到生活中。于是它从自己所在的时空背景中脱离出来,找寻到了自己,并和永恒走得更近。之后,个体的每一天仍然是普普通通的一天,但每一天都是对自己的践行、印证以及进一步的丰富。

幸运的是,一个人并非独自成长在一个荒芜的宇宙中,他在生命的孤独中能够有幸遇到他者,那些为其提供深层滋养不可或缺的前提和条件的人,历史把最宝贵的财富赋予了这些他者,而这些财富经由他者来滋养我们的认知。其中有一类最特殊的,就是爱情,真正的爱情是两个不同个体间最美妙、最深入的连接,它将以一种我们无法用语言来描述的方式丰富彼此的存在,从而也成就更深层次的自己。

这个有生命的线团的成长始终是在时空的背景中展开的,相对于空间维度来说,它更多地受到时间维度的束缚。时间始终是单向流动的,也就是信息在其自身内部的结构始终是在时间维度上不断自我组织的。从信息角度上看,信息必须反复地建立通向自身的回路才能够感知以及确定自身的存在,每每想到这些我的内心深处总能感觉到一丝丝的悲凉。在某种意义上说,人是多么无可奈何啊,我们根本无法完成自身生命的真正统一,所谓的统一只不过是凭借记忆构建起的假象,如同反复验证一个并不被我们所真正拥有的东西,因而也许真正智慧的人总会在内心感到可怕的荒芜。

人自身存在所依靠的信息结构既然是单向的,它同时间一样具有不可逆性。这本书里,我探讨了时空逆流过程中人的存在问题,时间逆流的直接后果就是它破坏了人自身存在的信息结构的单向性,于是存在本身就将彻底消失,如同没有任何主体存在的宇宙,那么存在本身也就没有任何意义。

生命本身与宇宙背景放在一起终究是一个最大的谜,贝克莱式的纠结将一直折磨每一个深切思考宇宙以及自身存在的人。宇宙的神秘也许是人类永远无法理解的,但是人又永不停息地想要将这一切置于一个整体结构之中,这是人在信息维度上的本能,如果宇宙本身就像现有观测所暗示的那样,整体结构是平直无限的,那么人类将永远找不到答案,人类将一直处于纠结之中。

回过头来,把目光重新聚焦在这一团有生有死的生命线团上来,它在其特有的时空背景中如同一株植物一样慢慢成长。从基本的信息结构逐步发展成结构完整的参天大树,随后又随着生命的法则在自然界中慢慢枯萎,直至消亡。他存在于四维的时空背景之内,即使他永恒存在,存在无数个不断活动的自己,但每一个自己也只能存在于属于他的那个一瞬之间,存在于属于他自己的不可停留不可反向的生命之流的内部,于是我们的线性人生是不可改变的。人生的单向流动既成就了他存在的全部意义,也成就了他的孤独、冰冷以及不可调和的存在本身的矛盾。

当我用这种观点看待自己时,我看到了一个不断变化但又仿佛凝固了的自己。它是一幅正在完成自我创作的作品,就像埃舍尔的《手画手》一样,它即开创但也凝固,我只是这作品中时间维度上的一种感觉,有些定格了的存在却又难以捕捉,但它依然存在。当我逃离自身从更高的回向联系中才能看到这样一个自己,看到一个受着命运摆布和折磨的自己，他所有的欢乐与悲伤在这个广阔无边的宇宙中显得多么的微不足道。但这个审视者也是我自己，一个从这样的背景中跳出来，不断拉伸与后退的自己，他把自己拉向足够远的地方，于是地球变成了尘埃，后来太阳系也变成了尘埃，再后来银河系甚至整个宇宙都变成了尘埃，它们和其他的所有宇宙尘埃组合到一起构成了更大尺度上的尘埃，这是一个几乎没有尽头的过程，于是我开始感到疲惫，思维变得愈加模糊，因为我和无限本身仿佛融为了一体。

10　霞光岛

　　凌晨的些许月光从树枝间穿了过来，透过我那顶蓝色的帐篷，并在上面留下了朦胧的十字光，我和小路飞再也睡不着了，于是我们悄悄地从睡袋里钻了出来，蹑手蹑脚地穿上了衣服怕吵醒其他帐篷里熟睡的人。这时的夜色依旧深沉，东方的天空中还没有任何曙光的迹象。

　　可铁瓦寺老师父禅房的灯光已经亮起，僧人以及到此的居士们此时已经来到了佛堂，他们正在准备做早课。我领着女儿来到离帐篷稍远一点的长凳处坐了下来，她依偎在我的怀抱里，我将大衣搭在她的身上。虽然已是春天，天气已经转暖，但此时的夜晚依然很冷。我和小路飞一起眺望着远方的天空，这里显然是欣赏风景的绝佳场所。这座铁瓦寺坐落于安徽高峰山，古时这座寺庙又名白云禅寺，历史上几经毁坏但镇殿铁瓦尤在，故因此瓦得名铁瓦寺。现在的铁瓦寺只剩下几个残破的房间，大雄宝殿也非常窄小简陋。禅房、厨房、大雄宝殿错落在离山顶不远的地势稍缓的平台处。我们背山而坐，眼前的视野极为开阔。此时星空依然璀璨，小路飞和我各自看着天空中的星星，都没有讲话。

　　显然，小路飞知道我对昨晚的谈话并不是十分满意，也许她自己也不是很满意。昨晚我和女儿、一位年轻的师父以及几位居士一起围着厨房里的火盆闲聊。我半开玩笑地问那位年轻的僧人这外面的星空可否为真，我期许能够得到梦参老和尚式的回答，或者是 F. 卡普拉《物理学之道》的方式，或者对于我来说是具有启发的，不过我渐渐意识到这表面祥和的谈话背后所隐藏着的对知识和信仰看法上的分歧。当然，非常感谢这位小师父，这次谈话对我来说仍然难忘而具有意义，但我和小路飞还是决定要自己去寻找我们想要的答案，在求知的路上没有任何人能够代替自己。

　　静静地眺望着远方的天空，群星已渐渐暗淡。大雄宝殿的钟鼓声响起，在静寂的群山中回荡，悠远而浑厚的钟声更凸显了夜的静谧，同时它也让人时而沉思时而忘记自我，与这眼前的一切融为一体。小路飞也被眼前夜晚这独特的美景以及寺院的钟声吸引，幼小的心灵仿佛同样感悟到宇宙无限的深邃与崇高。但昨天登山的疲乏让她再次泛起睡意，山间的冷气促使她向我的怀抱里缩了缩，我用大衣紧紧地裹住她，让她继续安睡一会儿。而我仍睡意全无，注视着远方天幕上演的缓慢细微而又奇妙的变化。寺庙的钟声宛若轻声呼唤，它能够涤净人的心灵，让人思想崇高而深远。我静静地更是虔诚地欣赏着眼前的一切，我的思想期盼融入它，融入那星空以及星空沉下后天幕的"水墨山水"，甚至走向更远方，走向宇宙的深处。

　　我不止一次地，甚至是习惯性地在面对浩瀚的宇宙时思考：自己掌握的一点点知识，对于浩瀚的宇宙来说算得了什么呢？每个人的生命都如此有限，但我们怎么能够让心灵中隐藏的无限成分和宇宙哪怕是些许在我们想要的意义上契合呢？我仍然想去寻找、想去探索，渴望认知能够不断接近真实，所以在生命中不断迈出前行的脚步。

　　东方的曙光开始在天空中涂上颜色，远山以及地平线上的湖泊渐渐清晰，原来天幕中的"水墨山水"不知不觉间成了西方的"油画"，而且是一幅精美绝伦的动态油画。大自然先后呈现的东西方的美让我感到不虚此行。此时，小路飞也醒了，她揉了揉眼睛，脸上露出喜悦的神情，然后跟我一起观看铁瓦寺的日出。

　　前来露营的伙伴们渐渐醒来，宁静的铁瓦寺又渐渐热闹起来，僧人们早已做完早课回去休息了，我和小路飞也过来洗漱准备下山。简单地用过早餐后，我们该返程了，临行前我们跟老师父合影道别，慈祥的老师父目送我们离开铁瓦寺。回程的路上景色依然很美，可小路飞和我都觉得本次旅行仍有那么一丝丝的遗憾，她现在就已经期盼着下一次的旅行了。

　　这次活动之后，我成了天山户外俱乐部的领队。担任户外领队让我接触到了更多的人，俱乐部的领队们一般为人耿直、性格豪爽，跟他们一起共事让我感觉身心舒畅。领队们工作都很辛苦，常年在外面奔波，不带队的时候还要经常出去踩线。雪狼和记忆是我的户外同事，有段时间他们分别去了不同的地方踩线。雪狼去了安徽，记忆去了浙江的海岛。为了找到原生态的景致，他们不惜以身涉险深入到无人地带。记忆的这次海岛之行十分完美，他找到了一座远离大陆的无人海岛，夜晚的时候这座岛屿会出现蓝色的荧光海滩。记忆给我和雪狼发了一段荧光海滩的视频,而雪狼此时正在安徽测试滑翔伞的项目。

没过几天,小路飞无意间看到了这段荧光海滩的视频,就跑过来问我:"记忆叔叔的这段视频在哪儿拍的啊?真的很美,爸爸能不能带我去?"我答应她:"等爸爸带队的时候就可以带你去。"小路飞高兴极了,恨不得马上收拾行李前往这座美丽的无人岛。

之前有几批伙伴已经去过这座无人岛了,这次雪狼、记忆和我准备一起带队去无人岛,因为我们都想过来放松一下,也想带孩子们一起玩玩。来的时候收到了台风警报,但这对于我们来说已经习以为常了,估计应该在台风到达前就可以离开。于是,如期出发,一路自驾过来,为的是多带些装备以便更轻松地享受这次旅行。车子通过船运到达岛屿,我们在不远处选择了露营地。孩子们迫不及待地跑到了沙滩上开始在海边戏水,雪狼、记忆和我先搭起了天幕,然后又忙着搭建各自的帐篷,终于一切准备就绪。

中午我们用过了简单的午餐,然后就各自休息,自由活动,我准备带着小路飞去岛屿的其他地方走走。我带上了水、啤酒、果汁还有小零食,以及正在读的彭罗斯的书,小路飞则带着她那本《苏菲的世界》,这本书我年轻时读过,并一直保留着。我和小路飞边走边聊,不知不觉间已经离露营地很远,后来露营地干脆消失在我们的视野里。我们到了一处风景不错的地方,这里的沙滩比我们露营地附近的沙滩更美,金色的沙粒与海水以及天空的蓝色相互映衬,仿佛构成了一幅绝佳的画作,即使是达·芬奇和提香也无法调出这样美丽的颜色来。于是我和小路飞决定在此驻足,便拿出便携折叠椅,坐下来一边听着海浪声一边读各自的书。我们想在这里度过下午的时光,等晚霞谢幕后再回去和大家一起共进晚餐。

"路飞,路飞,可否抄收?Over!"我的对讲机里响起了雪狼的声音。

"我是路飞,可以抄收,Over!"我在这边回答。

"刚听到广播,台风可能提前登陆,你们尽早回来,我们吃过晚饭可能要连夜返回。Over!"

"路飞收到!"

远方的天际依然安静祥和,看不出有台风提前到来的迹象,我和小路飞准备看完海边的晚霞后再回去。日渐西沉,晚霞即将上演,我们则平心静气拭目以待。太阳的颜色越来越红了,看上去也显得越来越大,天边的云霞渐渐被太阳染成了红彤彤的颜色。这落日的余晖把我和小路飞的身影在海滩上拖得好长,此时的场景如此壮丽,真是用什么样的词句都无法形容,我和小路飞为这眼前的美景所陶醉。但此时我们也注意到了东南方向空气中好像出现了骚动,难道是台风吗?这不免让我有点紧张了起来。手台里传来了记忆略显急促的声音:

"路飞!路飞!请马上返回,我们准备提前离岛。Over!"

虽然我听清了记忆说的每一个字,但手台里的声音已经没有之前的那么清晰了,里面有杂音也有细小的间断。

"路飞收到,马上返回。Over!"

我和小路飞赶忙收起折叠椅准备返回营地,我们快步往回走,可小路飞也注意到天边的晚霞比刚才还要美,西边的天空被美丽的红色整个地占据了,是那么鲜艳而明亮的红色。但我感觉到这个景象并不是平时落日的景象,后来这晚霞的红色越发扩展开来,而且越发明亮,仿佛要吞噬掉整个天空一样。

"雪狼!记忆!我是路飞,可否抄收?Over!"我的声音已经无法掩饰内心的紧张。

"路……飞……,天……空……出现……异……常,我们马上开车去接……"这是我从自己的手台里听到的最后的声音,我知道他们过来接我和小路飞了,但此时无线电信号已经中断了。此时,我和小路飞都停下了脚步,因为我们被西方天空中这前所未见的落日场景惊呆了。天边的红色已经快布满整个天空,就像一位油画大师正毫不吝惜地把红色的颜料泼到天空之上,而且这红色越来越大越来越亮,很快我们都不敢再睁开眼睛。

地球的一切仿佛都被这落日的余晖吞噬了,这夕阳的美景竟然从开始的宁静祥和变成了渗入骨髓的恐怖,这是一种末日灾难般的景象,我抱紧了小路飞,紧闭着双眼喊道:"孩子!不怕!不怕!我们会没事的!"随着一阵沉闷但令人毛骨悚然的巨响之后,周围的声音瞬间全部消失,一切都进入了耀眼的光明之中,耳畔仿佛响起了单调的电流声,随后一切再次进入了黑暗之中,停滞在绝对的静寂。

不知道过了多久,当我的意识清醒过来的时候,第一反应就是找我的小路飞。我想大声呼喊,可我发现已经发不出任何声音,而且也感觉不到身体的存在,自己仿佛已经陷入了单纯的知觉状态,我能意识到自身的存在可却无从触摸无从看见自身的存在。

我意识到自己已经身处无穷的黑暗中,我害怕极了,也非常担心女儿,不知道这是在哪里,不知道自己是什么样的状态。但时间总能让人平静下来,如果这种状态仍然可以使用时间概念的话。不管怎样我的思绪终于渐渐安定下来,慢慢变得冷静。也就是在心灵的平静之中,我才仿佛洞悉了这一状态的真相。这种状态原来是我与整个宇宙融为一体的状态,这里空间和时间都交叠在了一起,没有这里那里,也没有过去和未来。我不应该问自己在哪里,而且我可以聚焦到我生命中的任何一个时刻,我既在自己生命的开端也在生命的末端,或者说出生与死亡在这统一中已经毫无意义,它们只是一个完整过程的不同阶段,它们本身是一,同样它们和整个宇宙在一起也是一。

在这样的宁静中,我知道小路飞跟我在一起,其实这样的状态里她就是我,而我也就是她,甚至整个宇宙都是我也是她,我们也都是整个宇宙。我们只因是被投射到了人类的具体存在方式才拥有了如此强烈的情感。我的担心已经彻底消失,小路飞就在我身边,我们都被某种无形的力量带到了这种整体的知觉状态之中。虽然这里没有了时间和空间,但我们就在一起,我能感觉到女儿向我发出的信息,她也能感觉到我。事实上,我们不用刻意地相互发出信息就能感觉到彼此的存在,这种感觉就像融入了印度教所说的"梵"之中,有差别的只是诸相,无差别的是永恒的一。

我和小路飞都已经明白了自己所处的状态,虽然看不见彼此,但却比看见彼此还能更真实地感觉到对方的存在,因为这种状态中思维的连接和运作方式已经超过了人类能感觉的一切,我们可以无中介地感觉整个存在,感觉到存在的整体性和一。

在无时间的时间中,这种状态本身就已经超越了时间的概念。但我们可以让思绪运作,就在回想起浙江海岛所发生的一切时,那无相中开始产生诸相,空间和时间的状态开始显现,我们从整体的一开始向相的纷繁中坠落,而且就在这一瞬间出现了光亮,那光亮同样极为耀眼。我从整体的宁静中脱离出来,于是心里开始极度恐惧,我又回到了与外面的存在相对立的个体的意识之中。

我正经历着一次朝着无限远处的坠落,那最初产生强烈白色光芒的空间将我吸引了过去,也许仍有些地方是脱离了这些白光的,我仿佛感觉到了它们的脱离,但又是那么不确定,这白光也许并未吞噬一切,它仍然留有余地。那突然坍缩的巨大恐惧让我忘却了在整体中发现的真相。坠落的过程中巨大的空间尺度让我感觉到自身的渺小,相对于那起初看不到边界的耀眼白光来说,我的确太过渺小。不过很快我就进入了稳定的状态,更为奇妙的是就在那虚空之中我的身体开始显现,我又一次看到了我的双手双脚以及我的身体,还看到了小路飞,虽然我们的身体此时只是虚光而非肉身,但这种拥有身体的感觉的确太过美妙。即使悬浮在虚空之中,即使我们不知被抛向了时空的哪个角落,这种人的存在方式也让我们感到了仿佛阔别已久的美好,也许对于人来说整体跟个别都不能缺少,人可能本身就是追求天界与人间的双重造物。

小路飞正冲我点头微笑,我也用微笑回应她。我们意识到,现在正经历宇宙大爆炸过程,时间飞速流过,但并不影响我们看到宇宙演化的细节,甚至对于那些无法看到的东西我们也能感觉到它们的存在。从氢原子的产生到恒星的产生与覆灭,再到白矮星、中子星以及黑洞的演化,甚至是暗物质等等,全都被我和女儿看到,可即使我们看到了这所有的细节,我们仍然难以回忆起在整体的一中所感受到的这所有一切现象之间的联系,原来这些事物都是连在一起的,甚至我们的宇宙之外的宇宙也是跟我们连在一起的,可就在我们从向着这个宇宙的坠落中分离开来之后,无论我们怎么回忆也找不到它们之间最深处的关联。无论出现在眼前的现象是多么恢宏壮丽,我和小路飞都怀念在整体性的统一中所感受到的完满。

虚光的身体能够使我和小路飞忍受宇宙最恶劣的条件,而且我们完全可以自由地前往任何一个我们想去的地方。后来,我们终于被一团巨大的氢分子云所吸引,随后才意识到这里将诞生我们后来的家园。这团分子云原本安静,但边缘超新星的爆发干扰了它,冲击波开始在这片分子云中相互激荡,并终于产生了超密度区域,也就是在这里引发了坍缩,大量的分子云被吸引过来,压力越来越大,直到中心的氢再也无法抵御引力本身及其所造成的高温。光明闪现,宇宙中一盏新灯被打开了,这里将诞生我们未来的家园。

那个新诞生的恒星就是我们的太阳,当我们越接近它,我们对以往的回忆就越加确切,但是我们也就离那个整体的一更远。小路飞问我:"爸爸,刚才我们像看电影一样观看了宇宙的演化历史,但这个过程越是清晰,我们就越难以找到它们之间原本的那些联系。而且,我们还能回到那个度假的海岛吗?我们还能回到原来的时空中吗?"其实对小路飞的问题我无能为力,我只能安慰她:"孩子,别怕,既然我们能够安然无恙地在宇宙中存活,那么我想还会有奇迹发生,总有一天我们还会回到那个我们曾经来的地方,回到我们自己的家。"女儿冲我轻轻地点了点头,我挽起她的手,感受到她那双小手传递给我的温暖,就像我领着她在海边散步时所感觉到的那样。我们仍然是那副虚光构成的身体,但随着这时间的飞逝,身体变得越来越细腻,也越来越笨重。

原始分子云中的一些物质开始在这个新生的太阳周围缓慢聚集,已经相当清晰了,这些是太阳的行星,我们先后飞向了所有的原始行星,但最后我们回到了地球。其实,这所有的一切都被写在了原始的一中,但我们却一点也想不起来,我们只是记得宇宙大爆炸以后所看到以及所知觉到的一切,可无论如何也找不到那个曾经圆融的统一。

我们飞临地球的上方,它最开始是个岩浆构成的火球,我们在它的上方飞行,但并不担心被它的炽热所伤害。那岩浆渐渐冷却并喷发出水蒸气和二氧化碳以及其他气体,神奇的是由于地球正好处在了距离太阳恰当的位置,这些水蒸气能够凝结成液态水,并以降雨的方式返回到地面,雨水越积越多,最终形成了原始海洋。我们飞行在原始的海洋之上,俯瞰着大地上出现的神奇的一幕,而此时我们回望宇宙的深处,才发现大气层已经把我们和宇宙中的其他星体隔开了。而且,我和小路飞也发现当我们离生活过的环境越近,身体以及能力也就越接近人类,但幸运的是我们已经看过了宇宙演化的细节,虽然它们过于零散,却极为丰富。

时间是最不值钱的东西,不,与其这样说还不如说这变化的一切都是一文不值的,那曾经看似永恒的岁月星辰也只不过是昙花一现,何况这地球上接下来将要发生的一切呢?我和小路飞感觉到所有的真实到最后也不过是一种假象,它们都是那个统一的变形,但我们自身却越来越趋向于时空的具体,注意力为时空的细微处而纠结。你看啊生物就在我们眼前悄然而生了,在原始海洋中开始出现有机物,接着就是藻类,再后来就是其他大量的水生动植物,再后来就是陆生动植物。我和小路飞飞跃了恐龙的诞生,也飞跃了人类的诞生。我们无法尽数所有看到的细节,虽然这所有的细节都包含在了那个曾经的整体之中,但是当它们真实地展现在我们面前的时候,不禁让人感到无比的惊叹和陌生。

宇宙星河、天空大地正把它的一切展示给我和小路飞,它从一种整体的知觉渐渐过渡到我们人类身体的感官。这是一次何等伟大的旅程,尤其是我和小路飞还能够控制自己在时空中的坐标。这种感觉是那样美好,我们仿佛在阅读整个宇宙呈现给我们的画卷。人类曾经发现的理论显得那样单薄而乏味,那些看似牢不可破的理论,跟真正鲜活的现实比起来就像一具枯瘦的毫无表情的骨架。

我和小路飞渐渐地趋向于具体的存在,我是说那个有血有肉的存在,但是我们仍然可以在时空中自由穿行,只不过这种移动能力已经大不如前。但我们仍是独立于这个世界的观察者,即使这种独立观察者的角色正在逐渐被削弱。我和小路飞都体会到了这种被拉向具体的感觉,我们谈论现实的处境,问题围绕着:这个世界是我们曾经的世界吗?我们能否重返家园?我们是否能在发生了那件离奇的事件后重返我们曾经的生活?或者我们是不是走进了另一个平行宇宙,在这个发展的世界中遇到另外的我们?那脑海中不断被我们怀念的,但也越来越模糊的曾经的统一是否还会再回来?对于这些问题我们找不到答案,我们只能在这有限的自由中静观事态的发展。

大陆、海洋、空气的变化和生物的繁衍更迭都被我们看到,但我们还是不由自主地把目光聚焦到了人类。我们想看看那些历史书上的人物到底什么样子,这个能够被我们驾驭的世界会出现拉美西斯、炎帝以及释迦牟尼和泰勒斯吗?于是我们快速浏览了人类发展的漫长阶段,人类的发展同样精彩,我们看到的跟我们以前在书本中读到的大相径庭,但书本上说的总体上是合理的。我们看过了人类发展过程中无数生命的诞生与死亡,看尽了无数的痛苦与欢乐。但对这所有的一切我和小路飞无力参与,我们就像独立于这个世界的幽灵,只能对人生的苦痛充满同情,但看了太多的悲苦,我们已经感觉到这就是最真实的世界,于是心态已经渐渐平和。实际上,所有的事物都是这样从诞生到繁荣再到衰亡,就连恒星和黑洞都是这样,何况渺小的人类呢。

无暇顾及人类发展的细节,小路飞因为在之前正在读《苏菲的世界》,所以她告诉我,想要去看看这个世界是不是我们曾经的世界,她想去希腊所在的地方,看看是不是真的有泰勒斯和苏格拉底,当然这也正合我意,于是说走就走,我们准备前往雅典。

我们飞跃了阳光明媚的爱琴海,并在雅典着陆。这里的确是一座繁荣的城市,生活着一群自由而健壮的古希腊人。古老的集市上是熙熙攘攘的人群,他们穿着紫色、绿色、灰色等等各色长袍,样式简单但感觉舒适,女人还喜欢束腰以及佩戴一些小饰品来增加美感。男人的长袍则宽松慵懒,但也不乏有一些很讲究的人,他们同样喜欢身着华服。我和小路飞漫步在古希腊的街道上,即使我们几乎见识了整个宇宙但对这里仍充满好奇。人就是这么奇怪。实际上人类的大脑就是在我们宇宙中生发的另一个宇宙。我们对雅典的一切——街道上陈列的物品、每个人的表情以及之外的一切——都很好奇。但那些或是兴高采烈或是忙碌或是悠闲或是忧伤的面孔都没有发现我们,我和小路飞仍然是对这个世界不产生任何影响的独立观察者。可奇怪的是,当我们路过某个小饭馆时,空气中飘散的食物香味已经能够被我们感觉到,不知不觉中这些食物的香味好像能够唤醒阔别已久的饥饿感,我已经从小路飞的表情里察觉到她和我一样能够感受到食物的香味了,但这种感觉还很微弱,现在我们还并不需要进食。

我和小路飞仍然拥有超能力,虽然这种能力由于地球的出现开始渐渐变弱,但还没有完全消失,只要我们集中注意力,我们就可以在时空中自由地行走,我们用极短的时间遍历了这个城市的一切,然后确定了那场久负盛名的宴会所发生的时间。我们可不想错过苏格拉底在阿伽松家举办的晚宴上那段精彩的演讲。

就在晚会的当天,我们提前来到了雅典,并开始在雅典的街道上四处寻找苏格拉底。跟我们所生活过的城市比起来,雅典实在是太小了,不过明媚阳光下的雅典显得那样干净而别致。我和小路飞都被古代城市所散发的天然光泽和质朴的气息所迷住了,我们东游西逛,看着城市里走动的似真似假的人们,他们怪腔怪调的古希腊语,他们的表情,他们的动作……我感觉他们特别像是舞台上的演员,但我知道他们是真实的。他们的任何动作、想法以及命运都是如同已经存在过的那样是固定的吗?他们对我和小路飞完全没有察觉,我们就像来自未来的透明人。

日渐西沉,但我们把很多时间用在了闲聊和闲逛上,下面该全心全意地寻找苏格拉底了,不过找到苏格拉底也并非难事。由于苏格拉底相貌奇特,所以我们能够轻松地找到他。都说苏格拉底相貌丑陋,可现实中的他看上去倒很威严,也许长期的思考赋予了他深邃而庄重的气质,无论他穿着如何,这种气质都丝毫不减。见到真实的苏格拉底不禁让我和小路飞激动万分,感觉这个人是那样熟悉又是那样的陌生,原来这个人就是苏格拉底,看上去跟我们曾经想象的是那样不同。

他从远处走来,我和小路飞在空中远远地看着他,苏格拉底今天特别为晚宴装扮了一下,能看得出来临行前他特意洗了澡,衣服穿得不像平常那样随意,收拾得整整齐齐。他平时很少穿鞋子,但今天还是把鞋子穿上了,这双鞋虽然粗糙但还算漂亮。苏格拉底在路上遇到了一个人,并简单交流了几句,这个人就是阿里斯托得姆,柏拉图在《会饮篇》中提到的是真的,苏格拉底随即邀请阿里斯托得姆随他一起共赴宴会。于是两个人结伴而行,共同朝阿伽松家走去。书中记载苏格拉底在行路的过程中经常因为思考到什么东西而突然停下,站在那里一动不动地思考,直到他想明白后才会继续前行。小路飞和我真的见证了这一事实,他们走着走着,苏格拉底真的突然止步,并开始凝神默想。阿里斯托得姆只得先行前往阿伽松家。我和小路飞走近苏格拉底,想近距离好好观察这位历史上最出名的人物之一,然而苏格拉底对我们毫无察觉。过了不一会儿,苏格拉底面露微笑,仿佛解开了心中的疑虑,然后继续前行。我们跟随在这位智者的身后,一路到了阿伽松家的晚宴大厅。这里气氛热烈,挤满了一大堆让我们感到无比陌生的面孔,我知道这些面孔之中就有伟大的阿里斯托芬、斐德罗等等。苏格拉底受到了格外的欢迎,但也有人露出挑衅甚至轻蔑的神情。宴饮开始,关于爱情的永记史册的演讲即将开始。我和小路飞保留的超能力能够让我们听懂其中的部分字句,没想到古希腊的演讲具有如此强大的魅力,他们语言和想象力的丰富都远远超过了柏拉图的记载。

最后终于到苏格拉底了,他慷慨激昂但又不失庄重和沉稳,演讲的内容和《会饮篇》中记载的类似,但更为丰富。我和小路飞站在大厅的门口,不知不觉间已被他的演讲所深深吸引。苏格拉底借狄奥提玛之口传递爱情的真谛,他一边激情澎湃地讲演,一边用炯炯有神的目光环顾着在场的宾客。"一个人加入了这种爱的秘仪,按既定的次序看到了所有这些美的方面,也就最后接近了终极启示。"当苏格拉底讲到这句话的时候,突然他的目光盯在了我的脸上,我和他四目相视,一种难以言表的震撼和恐惧差点把我吓倒。苏格拉底看我的时候,我注意到了他的神情,他的目光明显在向我传递着我无法解读的信息,我敢肯定他发现我了。小路飞在旁边也注意到了刚才发生的一切,可那些参加宴饮的人中没有一个意识到这些,他们继续喝酒欢笑。此时,苏格拉底也回到了晚宴的进程中。我镇定下心神,再看苏格拉底,好像他又走向了那个跟我们毫无关系的世界。我百思不得其解,但我和小路飞都无比确信刚才发生的一切,苏格拉底的目光、他略带微笑和神秘的表情明显是指向我的。我想等到晚宴结束的时候去找苏格拉底,我想询问他刚才发生的事。但我知道他又回到了他所在的世界,即使他知道这背后所有的秘密,我们也已经无法再交流,我和小路飞又一次成了这个世界中的独立观察者。

这件事让我惴惴不安,这是我发现的这个世界与我之间的第一道裂缝,这里的地球,这里的苏格拉底,可能根本就不是我们曾经认识的地球,也不是曾在历史中认识的苏格拉底。或者说有无数个地球,也有无数个苏格拉底,他们既是一个也是多个。如果我们还能回忆起身处统一中的一切,就不会有这么多的疑问,可现在我已经非常困惑和恐惧了。我痛恨那个仿佛知道一切的苏格拉底,但现在他已经真的感觉不到我们的存在了,我们也无从向他寻求任何深藏的秘密。夜色降临,我和小路飞离开城市，前往爱琴海边，在一块海边的礁石上安坐下来。海风习习，让人顿感舒适，我们是看着这片梦一般美丽的大海是如何在时间的长河中产生和变化的，但现在我们仅想活在短暂的时间范围里，想把这片夜色中美丽的爱琴海当作永恒。

　　"爸爸，如果苏格拉底这位深邃的智者能看到我们，那么也许其他的智者也可以，我们应该再去找一位这样的智者，跟他们交流，为我们指点迷津。"小路飞一边看着天上的星空，一边若有所思地对我说。

　　"嗯，我也这样想，也许我们可以去寻找中国的老子，还有佛祖悉达多·乔达摩。"但现在我们哪儿也不想去，就想在海边看那个对我们来说没太多秘密的星空。世界上存在着的一切，并不仅仅是由这个世界带给我们的，还有我们自己带给我们的。我们知道，从圆满的天堂滑落世间，所遗忘的内容更应该从物质世界之外的地方去寻找。小路飞凑到我身边，枕着我的臂膀，渐渐泛起了困意，后来她睡着了，我也渐渐进入了梦乡。

　　海鸥的叫声把我们吵醒，睁开双眼，天空湛蓝而明晰，在遥远处它和爱琴海自然地衔接在了一起。金色的海岸与蓝色的海水形成对比，多么美妙的色彩组合啊，米罗的《蔚蓝之金》跟此时的爱琴海比起来也显逊色，爱琴海同样能够带给人心灵深处的东西。沙滩向后一直延伸到远处的雅典城，我和小路飞准备离开这里了，但离开之前我们还想再看看苏格拉底，看看年轻的柏拉图，甚至想看看所有那些闪耀在历史星空中的人。当我们再次看到苏格拉底时，他恢复了以前的样子，又开始赤脚在街道上闲游，不修边幅，毫不做作。但他可能真的看不到我们了，就是我们站在他面前，他也已经无动于衷。或许，我们的秘密他已完全知晓，甚至他也可能经历过哪个混沌而又明晰的统一。但无论如何，昨晚那个苏格拉底仍然在跟人辩论，仍然在自己独立地思考，他又重新回到这个眼前的同时也是特定的时空之中了。但他给我们留下的自己与这个世界间的裂缝依然清晰地存在。我和小路飞决定马上离开。

　　老子还有释迦牟尼都是比苏格拉底还要早期的人，如果要去寻找他们必须要逆流一段时光。也许我们仍然能够做到这一点，不妨尝试一下，时光逆流的旅程是什么样子呢？旅行者在时光的逆流中是不存在的，这一点我和小路飞感觉极为真切。我们集中注意力，瞬间没有了任何感觉，当再次看到外部世界的时候，已经回到了中国。我和小路飞都产生了一种亲切感，我们看到了农田，还有辛勤耕种的农民,他们衣着朴素、面相慈善,在农田里不知疲倦地耕作。我们还是要去函谷关,决定在那里拜访老子。对于我们来说,这丝毫不成问题。但是当我们到达函谷关的时候,得知老子已经完成了他那部旷世经典的《道德经》,并骑牛西去。当然按照我们的能力,可以轻而易举地追上老子,于是我们飞速前进,果然没过多久就看到了老子的背影。他端坐在一头身体发青的牛背之上,白发苍苍,器宇不凡,从背影中也能感受到他的仙风道骨。如此洒脱的确令人惊奇,我和小路飞感到这位老者能够为我们指点迷津,于是加快速度,希望马上追上他。

可奇怪的是,当我们试图加速赶上他的时候,他也突然加速,我们停下来,他也停下来,我们无论如何都追不上这近在咫尺的距离。我知道这位智者已经发现我们了,于是朝他喊:"老人家,请留步!"可他并不作答。就在我们无可奈何之际,老子蓦然回首,这时我们才得以看到他的容貌。这位传说中的老子,面色红润,须发皆白,胡须根根露肉,随风飘摆,更是为其增加了几分飘逸和洒脱。老子看着我轻轻微笑,但笑而不语,就在我刚要向他询问之时,他已经拂袖而去,等我们再要寻他时他已随风而去,不见踪迹。

此时,我并没有先前那样恐惧,但这个世界和我之间的裂痕是真实的,苏格拉底和老子的反应都说明了这一点,这绝不是那个我所熟悉的世界。我和小路飞都怀念曾经的家园、我们的亲朋好友,但我们也怀念那个超然统一的状态,尽管它仿佛离我们越来越远。我们还得继续寻找,寻找那些隐藏在这一切背后的原因和真相。

既然老子已经不见踪迹,那么我们还可以去找真实的佛祖。毫不停留,我们前往喜马拉雅山的另一侧。没过多时,便看到了得道的悉达多·乔达摩。他圆融无碍、散发着睿智与慈悲的神情具有无限的魅力,身边的人自然而然就会被他的容貌和气质所吸引和打动。真是很难用语言来形容他的美好,他的一言一行、一举一动都是那样从容淡定,仿佛超越了世间的一切。

此时众弟子正围坐在佛祖面前,等待佛祖讲法,可佛祖一直缄口不言。他仪态安详,轻轻地拿起一朵众人献上的金莲花,拈花微笑。众人不解,片刻有一位弟子破颜一笑。虽然佛祖没有转睛看我,但他的微笑还有刚才那位弟子的微笑仿佛具有一股超凡而无形的力量,这股力量直抵我的心间,就在一瞬间唤醒了很多曾经被我遗忘的东西,它们像一张张图片和一段段声响,混乱地闯入到我的脑海,我极力回忆却无法将它们彻底连接完整。

我当然听说过拈花微笑的故事,所以我知道用微笑回应佛祖的人是摩诃迦叶。佛祖:"吾有正法眼藏,涅槃妙心,实相无相,微妙法门,不立文字,教外别传,付嘱摩诃迦叶。"说话间,佛祖与弟子离席而去,我知道已经不用再去赶上他们问个究竟,这微笑中的力量和信息已经足够明晰了,只不过我还没有办法将其连接起来。佛祖和摩诃迦叶越走越远,我和小路飞目送他们的身影渐渐远去。他们走得并不快,佛祖走了一段路程停了下来,他微微回头。我知道这次回头是针对我和小路飞的,是一种关爱和指引,片刻他们又继续行路,并消失在夕阳的金红色光芒中。

　　也许我们只能通过自己找寻答案,没有人可以替代我们。我们和这个世界的裂痕是无疑的了,我和小路飞必须要寻找自己的道路。这可见的世界都是一种假象,我们必须要找到自己真正的家园。我们已经没有必要再找任何智者了,这个世界也许并非我们曾经熟悉的世界,也许所有的世界也都是假象。我和小路飞决定不再停留,于是我们想用最后的力量加速到那个我们曾经存在的时代。

　　可我和小路飞越来越像是一个普通人,我们决定用最后的力量找到这个世界的出口。这个世界可能存在很多个与未知世界相连接的地方,百慕大、美国的五十一区等等,但我和小路飞决定用我们最后的力量去寻找陶渊明笔下的桃花源,那个桃花源也许就是通向另一个世界的大门。跨越时空对于我们来说变得越来越困难,我们集中精力寻找桃花源的方向,但感觉没过多久就已经疲惫不堪,不得不停下来。

　　当我们停下来的时候,发现已经身处群山峻岭之间,眼前的情景像极了我和雪狼、记忆曾经常前往的皖南地区。只不过这里的山水更为原始、纯净、壮丽,因而也显得更加怡人。我和小路飞走在坚实的土地上,如同获得新生一般,那种踏在土地上的真实感如同安泰俄斯获得大地之母强大的力量一样。生活在具体之中是多么美妙的一件事啊,即使仍怀着对完满统一的怀念,可此时此刻我只想体会当下的曾经告别了已久的真实。

　　但我们知道这种迷人景色的背后同样隐藏着危险,不知名的珍禽猛兽随时可能来攻击我们,于是我和小路飞决定寻找人类居住的村落。这是一次真正的徒步穿越,我们知道这附近肯定离桃花源的入口不远,而且这里不远处应该就有村庄,只是我们无法精确地知道现在是什么年代,这些山是什么山。我和小路飞决定先前往最高的那座山峰,从那里也许可以发现人类的村庄在什么地方。最高的那座山峰离我们并不是很远,而且它并不陡峭,我和小路飞完全有能力爬到这座山的最高峰。幸好我发现身上还带了一把户外刀,削了两根树枝作登山杖用,还必须注意毒蛇和猛兽的威胁。没过多久,越发强烈的饥饿感袭来,我怀念这种作为有血肉之躯的人的感觉。我看了一下小路飞,她额头上也满是汗水,在她小时候我还曾担心她的性格胆小软弱,可这孩子比我想象的要坚强和勇敢得多,她稚嫩却坚毅的面庞让我感到欣慰,我带着她经历了这么多但从没有见她跟我矫情过。谢谢你,我亲爱的女儿,是你给了我足够的动力,让我在这浩瀚的宇宙和自身渺小的剧烈反差中感到些许的温暖。我希望你能像我所期待的那样,从那个曾经统一而分离出来的具体中走向自身的繁荣,成就独立的自我。

　　想到这里,我问道:"小路飞,你是不是饿了?你看前面有一潭清水,是山中溪流聚集而成的,我们可以去那里捕鱼。"小路飞高兴极了,她从小就跟我一起参加户外活动,徒步和捕鱼都是我们所喜欢的活动。小路飞和我都飞快地跑到水边,脱下鞋袜下水抓鱼,我们开心极了,快乐和痛苦只有在如此具体而狭小的范围内才是那样的真实而富含深意。我喜欢水在皮肤上流过的感觉,柔润清凉,就在不知不觉的瞬间带来无限美好。我们收获颇丰,抓了两条大鱼,就地取材,钻木取火,在附近架起柴火烤了起来。已经很久没有吃东西了,我发现吃食物的感觉是那么美好,任何语言都难以形容,何况是这样天然无污染的鱼肉呢。如果幸运的话,我们可能不需要在野外过夜,但必须得抓紧时间,于是稍做休息就继续登山。因为这座山峰恰好不是很陡峭,所以很顺利就到达了山顶。小路飞走在了我前面,当她到达山顶并向远方遥望的那一刻,她屏住了呼吸。我喊了她两声,但小路飞并未回答,只是用手指了指远方。

　　此时我也爬到了山顶,顺着她的指尖望去,我也被眼前的一切惊呆了。远处出现了一座古代城市,但它跟我们曾在历史书上了解的任何古代城市都不同。它规模不大,四周有围墙守护,街道笔直,城市中心还有一个不小的广场。城市井然有序,但有些地方又复杂异常,大大小小的木质建筑和巨型机械使整个城市看上去像一台超大的钟表。我和小路飞本来放松的心又提了起来,我们惊讶于眼前的一切,震惊到一时说不出话来。过了许久小路飞才问我:"爸爸,这是什么时代,这怎么可能出现呢?"我无从回答,决定等明天前往那座城市一探究竟。我和小路飞搭起了庇护所,这对于我们来说并不是十分困难,为了避免野兽攻击,庇护所搭建得尽量牢固。夕阳西下的时候,庇护所旁边已经点起了篝火,我和小路飞围坐在篝火旁,她依偎着我,看着远方的那座神奇的城市。城市里的灯光散发出迷人的翠绿色,奇怪的是,我和小路飞见识了那么多宇宙的神奇,却被这样一座古代的城市迷住了。它深深地激发了我们的好奇心,我们谈论了许久直至睡意渐浓。此时我们无暇多想,只想熟睡一觉,等到天亮前往那座城市。

　　一觉醒来天已大亮,我和小路飞从庇护所出来,便迫不及待地眺望远方的城市。碧空如洗,空气中弥散着花草的芳香,在清晨明媚阳光的照耀下那座城市好像换了一个模样。它仍然显得那样与众不同,可那些复杂的从未在历史书中出现的巨大的复杂的机械没有遮挡其所散发的浓厚的生活气息。炊烟升起,一片繁荣的景象呈现在了眼前。我和小路飞在不远的一处水源处简单洗漱,这种踏踏实实、真真切切生活的感觉是那样美妙,可惜我们无暇逗留,随后下山朝那座城市走去。当我们来到城门附近时,悄悄地躲了起来。我和小路飞身上仍然是那套去无人岛时的衣服,而且现在已经不同于我们在雅典之时,那时我和小路飞还不能被人们看到,可现在我们肯定能被人们发现。

　　城门附近车水马龙,进进出出的是形形色色的人,他们穿着的服装跟在历史书上看到的样式基本一致,但不同的是面料五颜六色且光滑精细,根本不应该是晋代所能够生产出来的——这是一个跟历史上的中国古代城市既相似又不完全一样的世界。当我们注视某一位跟我们一样有血有肉的普通人时,这种陌生感和好奇感是那样的强烈。迎面走来了一位中等身高的男子,他风度翩翩,仪表不俗,但又流露出不加修饰的自然的质朴。他是谁?他要去哪里?他有着怎样的故事和认知?一大堆问题一下子涌入脑海。

　　就在迟疑乱想之际,感觉到有什么东西搭在了我的肩膀之上,当我本能地转过头来,不由得大惊失色,原来有几个士兵模样的人不知不觉间已经站在了我和小路飞的身后,其中一位正把类似于长枪的兵器压在我的肩膀之上,原来我们的一举一动早已被他们所察觉。小路飞吓坏了,我赶忙安慰她:"小路飞,别怕,不要轻举妄动!"我缓缓转过身来,虽然那位士兵用兵器抵着我,但我从他们的表情中看到的更多的是惊奇而非恶意。随后,他们一边看着我一边相互嘀咕,但他们的语言我完全听不懂,虽然他们是中国人,可说话的腔调对于我们来说是那样陌生。他们不住地打量着我和小路飞,甚至还有人想过来摸摸我的衣服和手表,但他们还是比较礼貌和克制的。没过多时,其中一个头目便示意手下把武器从我的肩头拿走,让我们随他们进城。也许我们已被跟踪多时,他们观察到我们并无敌意,所以并未冒犯我们,甚至并未用绳索控制我们,只是让我们随他们一起走。

行进的过程中，我渐渐能够辨别出他们说的语言，他们说的是古代带有方言的汉语。我低声告诉小路飞，如果真的有危险存在，那么就利用我们剩下的超能力离开现在的时空。当我们进城时，道路两旁已经围满了人群，城内的街道是用我不认识的材质铺就的，两旁的建筑和公共设施也完全出乎我的意料，它们精致而复杂，像是完全不同科技体系下的产物。我和小路飞仿佛来到了另外一个文明，这是一个熟悉而陌生的世界。道路两旁人群的表情充满了震惊但同时也非常友善，甚至可以说他们的表情中还带有某种意义上的欢迎。渐渐地，人越来越多，似乎整个城市的居民全都挤过来了，不得不靠更多的士兵来维持秩序。后来，有一辆车从远处行驶过来，它是一台非常复杂的木质机械，有人驾驶，但我不知道它采用的是什么动力，它发出的声音也很奇特。我和小路飞被带上了车，站立在车上，如同游乐园里的花车一样在街道上缓缓前进。

当我们好奇的双眼还在四处张望时，不知不觉间已经来到了城市中心的广场处。广场上已经站满了好奇的人群，他们对我们的好奇远远超过了我们对他们的好奇，大家一言不发，屏气凝神，目不转睛地看着我们这两个"外星人"。广场中心有一座宏伟的高台，此时正有一位衣着高贵的长者端坐其上，一些衣着华美的贵族则分列左右，这位长者肯定是这座城市最位高权重的人了。车子离他越来越近，我已经能够看到他的五官和表情，他虽然同样好奇但面色庄重而沉稳，而且我还能够感觉到他是一位深孚众望的统治者，同时也是一位德高望重的长者。我心中自然放下了负担，甚至小路飞也感觉到了这一点。

我们显然是被当成了高贵的到访者而非威胁，但周围的士兵仍然保持着高度警惕。我们被带到了这位长者面前，他非常善解人意地免去了各种仪式上的繁文缛节，并命人直接把我带到了离他并不是很远的座位上。那些贵族们可沉不住气，他们有的甚至凑到我跟前，仔细打量我身上的穿戴，从眼镜、手表再到衣着和发型，每一个细节都让他们感觉到极不寻常。有人开始问话，但那位最高的统治者马上打断了他们，让他们回到原位。这位城市的统治者开始问话，他虽然对我们很好奇，但仍然语气稳重而安详。他面带微笑，非常礼貌地问我们是否能够听懂他们的语言，我点头示意，于是他便开始询问我们是什么人，从哪里来，要做什么等等。担心他没有办法理解和接受这么多内容，我只是告诉他我们来自一个遥远的地方，那里有很多能工巧匠，能够做出非常精奇古怪的东西。这时，从贵族中走出一位年轻人，他示意这位城主可以为我们准备午宴，吃饭的时候再跟我交流。

那位城主感到有些失礼,赶忙吩咐属下为我们准备午宴,并且让全城的人都来庆祝,把今天当成盛大的节日。我和小路飞也的确觉得饿了,此时彼此之间的防线已经全都放下,严肃的氛围一下子变得轻松起来,整个城市就像要为我们这两位特殊的来客举办一场盛大的派对,就连胆大一点的普通人也纷纷过来你一言我一语地跟我和小路飞说话,这个并不是很大的城市渐渐地成了一个欢闹的大家庭。

宴饮开始,就连广场上也被普通人摆满了酒席。这里的饭菜都很奇特,很多我从来没有见过,而且烹饪技法也非同寻常,但所有的饭菜都散发着食物原汁原味的美。他们再次向我询问我所在世界的奇闻逸事,但这次语气更为平和。我也开始询问他们以及这里的情况。这座城叫作威图城,这里的先人因为远离战乱而来此地,经过长年积累已经发明出一套自己的技术。城市里复杂的大型机械,有些是用于防御,有些则是生产性机械,他们的生活用品很多都是用这些复杂的机械生产出来的。如果可能,我希望能和小路飞在此城市多住些日子,对它好有更深入的了解。但我知道,这个世界绝不是我们历史上曾经的世界,这里的技术远远超过了历史上那个时代应该有的样子。虽然我和小路飞没能精确地确定此次时空的目的地,但肯定不会差得太多,所以这里应该是东晋时期,那个时代的技术不可能达到我们眼前所看到的样子。正在思考的过程中,小路飞走到我跟前,小声对我说:"爸爸,如果这个相对封闭的小城市的技术都已经发展到现在的水平,那么那些技术交流比较频繁的地方,技术水平岂不是远远超过了这里,也许外面的世界是一个我们不可想象的世界,这里相对落后的世界将会受到外界攻击。"小路飞的话提醒了我,我也猛然意识到了这一点,但看着眼前这个欢乐的场面,这种担心很快就被我抛在脑后。这里的人总体来说热诚而善良,他们很聪明但也很单纯。他们大部分人热爱并且享受这里简单而幸福的生活,但也有一小部分人是例外。

趁着大家醉意渐浓,开始不那么对我好奇的时候,那个一开始从贵族中走出来提醒城主要给我们安排午宴的年轻人走了过来。我仔细打量着他,他气质高贵、眉宇清秀,一身白色大袖衫更是让他显得风度翩翩,超凡脱俗。他非常有礼貌地坐了下来,看样子要跟我深入交谈,他仿佛已经感觉到我前面的谈话中有意把重要的信息都隐藏起来了。

他告诉我,他姓陶,名潜,字渊明。我不由大吃一惊,原来坐在我面前的正是大名鼎鼎的陶渊明,正是《桃花源记》的作者,这下可以向他打探桃花源的地址了。我很坦诚地小声告诉他,这里的场合不适合谈话,如想深入交谈可等明日私下找我。

他点头称是，于是便陪我一同用餐，直到午宴结束。大家各自散去，太阳已经西沉，城主为我们安排了住所，并派专人保护我们。威图城的夜景也非常漂亮，道路两旁整齐地排列着沼气路灯。城主还为我们准备了小规模的晚宴，只有几位最亲近的贵族陪同。城主热诚犹在，可我已经略感疲惫，而且只盼着明天陶渊明能够早些找我，我好向他询问桃花源的事。城主看出我的倦意，便早早结束晚宴，让我们休息，他还希望我们多住些日子。

在威图城的第二天，我们早早起床，这里的生活设施已经非常方便，自来水、洗漱用品应有尽有，只是比我们所处的时代稍微粗陋一点。一早陶渊明就过来找我。他是一个非常直爽的人，直接让我讲述下真实的经历。这次我并未隐瞒，非常详细地跟他讲了我和小路飞的奇遇，告诉他我和女儿都来自未来，但是我们那个未来并不是他们这个世界的未来，虽然这个世界跟我们的世界很像，但这里的发展速度要比我们的快很多。他显然一头雾水，但由于我的坦诚，他从内心深处努力尝试去相信和理解我的话语。我也向他询问桃花源的事，但奇怪的是他对此一无所知，他只是觉得这个名字很好听，并且貌似心满意足地重复了好几遍。但他告诉我，这座威图城中有些智者并不满足于这里的生活，他们到附近的一座"圣山"那里寻找智慧，但往往有去无回，所以很多人都对"圣山"望而生畏。我记住了这座圣山，也许那里就是我们要找的地方。不过据说那座山虽然不高但极为险峻，因此敢于冒险的人非常少。

本来想即刻前往那座圣山，但考虑到登山的危险以及缺少装备，所以我们必须做好充分的准备。城主知道我们想去圣山便急忙劝阻，警告我们前往那里的人就从来没有回来过的，可我执意坚持，城主也没有办法拒绝，只是希望我们能够在威图城多待几天。我们在威图城度过了一段非常轻松的日子，稍后便感到无聊。通过走街串巷仔细观察发现，虽然这里的复杂机械都是能工巧匠们的杰作，技巧绝对令人叹为观止，但他们的理论深度还是相对匮乏。总而言之，这里的生活的确非常惬意。可对于我们这样见识过那么多神奇事物的人来说，这里便显得很单调。于是我和小路飞请求城主安排工匠按照我们的要求制作登山装备，城主虽然不舍我们离开，但还是答应了我们的请求。

要求的装备终于做好了，虽然粗陋一些，但已经没有任何问题。我们准备离开的那天整个威图城都沉浸在离别的伤感氛围之中。城主、陶渊明以及城市中许多普普通通的善良的居民，都在城门口为我和小路飞送别，我和小路飞也都依依不舍。在我们离别的时刻,整个城市都陷入一片安静之中,所有人的目光都聚焦在城主和我的身上。城主和我依依惜别。陶渊明更是走到我身前,拉住我的双手恳请我再多住些日子,我也伤感地低下了头,眼中翻滚着泪水。可就在这时,从城市的东北方向传来了一阵躁动之声,这声音越来越大,所有人都回头向声音的方向张望。我和小路飞也朝声音的方向望去,不免大吃一惊。东北方的上空出现了一条巨蟒,这条蟒蛇的身体先是一个不断扩大与伸展的圆环,根本看不见它的尾部和头颅,但它在快速靠近这座威图城,伸展扩大,蛇头慢慢抬起。等到靠近时才发现它并不是真的蟒蛇,而是一条机器巨蟒,恐怖的蛇头跟楼宇一样大,它显然充满了敌意。与此同时,威图城两侧也传来了洪流般的铁甲之声,它们的身材虽然不足这条机器巨蟒这样庞大,但规模空前,靠近时才发现是机械野猪,青面獠牙,甚是恐怖。威图城的所有人包括我和小路飞都被眼前的一切惊呆了,迟疑了几分钟大家才反应过来,威图城那原本看似精密的布防体系,在它们面前仿如儿戏。大家开始惊慌失措,四散奔逃。善良仁厚的老城主、陶渊明等等众人一起逃走,而我和小路飞连登山装备都没时间携带。

  我让小路飞跟着我一起朝圣山的方向逃走,奋力向前,一直跑到筋疲力尽,此时已经到达了一座小土山的山顶。跟在后面的一些人也已经累得喘不过气来,只好停下休息。回望威图城,已经是烟尘四起,一片狼藉,很多未来得及逃脱的民众已经被残忍杀害,可机器巨兽仍然肆意撕咬着威图城。一支邪恶的军队正以整齐的步伐从东北方靠近。城主在众人的搀扶下望城而泣,我不知如何安慰他。突如其来的"人祸"摧毁了整个威图城,一时不知所措的人们围拢在城主身边,询问城主应该怎么办,城主决定带他们逃亡到更为遥远的地方,陶渊明只好跟着他们一起逃走。他们希望我和小路飞跟他们一起走,但我们执意前往那座令人望而生畏的圣山。城主无奈再次和我们洒泪分别,至于他们以后如何我们无从知晓,只能默默祝福这些善良的人。看着这些渐渐远去的身影,我心里十分伤感。虽然我和小路飞见过了那么多人类的悲欢离合,但这次是最令人感伤的一次。

  我和小路飞朝着那座非常险峻的圣山走去,这种形势下即使没有装备但仍要继续前行。这完全不是我们自身历史曾经的世界,必须从此逃离。身后那座城市已经变得安静,是一种瘆人的死亡的安静,我们不再回头,继续向那座圣山走去。山路崎岖难行,后来干脆就没有了路,我们不得不自己开拓道路前进,过了很长时间,一直走到饥饿难耐才停下来。就在这时,空气中飘来了野果的香味,有一棵野果树出现在我们的眼前。这棵野果树鲜艳异常,它长在陡峭的悬崖边。我被这棵野果树所吸引,不知不觉来到它身边,然后几乎出自本能地去摘树上的野果。虽然内心在提醒自己绝不可以吃那些从未见过的东西,但还是不停地采摘树上的果子,因为它的确很奇特,而且这种奇特并不是让人觉得不舒服的那种。

当听到小路飞提醒我不要去吃手里那颗非常漂亮的果子时,为时已晚,果实的芳香已经从我的齿间沁入到肺腑,然后慢慢地传遍了全身。我无法用语言清晰地表达味觉上的感受,但很快我看到了奇妙的景象。这颗果实的魔力让我看到了这座大山内部的情景,虽然不是很清晰,但我知道它里面是一个无限宽广的世界,它内部的空间一直延伸到视线的尽头。而且我也看到了洞口,一条通向这个神秘世界的道路就在我们的脚下。我慢慢回过神来,告诉小路飞我在虚实的幻境中所看到的一切。我们决定前往那个洞口,穿越那条危机四伏的道路。我鼓励小路飞,刚才隐约中看到的道路非常危险,道路崎岖陡峭,不可以轻言放弃,小路飞答应我,我们相互鼓励,即刻前行。

事实上,这条路最大的危险是它带给人心理上的折磨和考验,反而我们一路之上未遇任何毒蛇猛兽,山路曲曲折折起起落落,我和小路飞经历了身体和内心上的巨大考验甚至可以说是煎熬,不过我们最终还是到达了那个神秘世界的门口。这是一个虽不壮观却也不隐蔽的山洞口,它与周遭事物截然不同,仔细看去洞口边还有一行小字,不知道是谁写的,但有些轻松诙谐:"有的人进来了就不会出去,而进来又出去的那些人其实从来就没真正进来过。"

我和小路飞毫不犹豫地跨入这个狭小的洞口,洞内渐渐漆黑,但奇怪的是有闪着亮光的宝石点缀于洞壁之上,正是靠它们的指引我们才能不断深入。我们无心采集这些宝石,只顾不断向前,越往里走宝石也越多,而且里面的宝石也越来越珍奇而美丽。这个山洞刚开始进来的时候还算宽阔,但越往里走就越显得狭小,后来干脆只能容纳单个人爬行。但我并不因此而担心,因为我知道前方的世界很宽广。果然经过一段努力前行,眼前的世界豁然开朗,一个崭新的世界呈现在我们的面前。这里是这个洞穴世界的核心,它虽然隐藏于大山之内,可庞大无比,根本望不见边界,俨然另一个天地。想起它所身处于其中的大山,连这个洞穴的一块石头都比不上,包括它的却未必真的大于它,也许我们应该用"世界"这个名词来称呼它。

它真的符合"世界"这个名词本身的含义,当我和小路飞举目洞顶之时看到的却是浩瀚无垠的苍穹。然而这里的天空由五颜六色的星星所点缀,天空中弥散着不同颜色的光芒。这个世界的天空同样拥有一个"太阳"，但这个"太阳"发出的光芒并不耀眼，它既能与星光同在，但也能让整个世界变得清晰柔和。它的样子非常奇特，而且不断变幻，甚至根本分不清它和这个天空之间的界限，我和小路飞看到它时都有一种似曾相识的感觉。奇妙的是，它发出了一道很细的绿色光芒，如同一束激光一样直射地面，可我们却根本无法精确地计算这天地之间的距离，甚至无法感觉，不过我们的视线还是能够沿着这束光的方向查看地面。

沿着这束神奇的光芒，目光落到地面。绿光与大地的焦点构成了一个大圆的圆心，而围着这个圆心的是无数层的书架，这些书架连同里面的书籍都散发着略显透明的光芒。这让这些书看上去像幽灵一样，而也就在此时，我们才发现原来有很多人就在这一层层的书架之间，他们的身体同样弥散着幽灵般的微弱光芒。我仿佛明白了，这苍穹之中的"太阳"原来就是宇宙本身的缩影，它唤起了我曾经的但也越来越淡忘的"统一"的感觉。曾经在那样一个时刻我和它真正融为一体，而如今它又一次出现在我的眼前，既熟悉又陌生，让人根本看不清它的样子，但它却以巨大的恩惠将它无限的秘密通过这一道光束洒向了人间，将无限的维度转化成了一维，让那些不断求索的学者有机会瞻仰它神秘的容颜。然而，能走进这个图书馆中心的人是那样少，大部分白发苍苍的学者只能远远地在中心外围徘徊。从装束上看，有些智者就是威图城的人，原来他们藏身于此，这里的书籍让他们流连忘返。但这个世界过于庞大，我和小路飞所经过的路径只不过是千百万条道路中的一条，它们就像一棵参天大树的根须一样散布在这个世界的周围，它们负责连接这里的世界和外面的世界。

仔细看去，这里的地面也散发着微光，如同无数萤火与天空交相呼应，这里也有山川和湖泊，那湖水散发着淡淡的芳香，远处世界的天空和大地仿佛连在了一起。然而来到这里的人们都向这个中心图书馆聚拢，他们不辞辛苦奋勇前行，因为他们都知道这里有他们最关心的秘密，而那个"太阳"慈悲地将它的一切用人类可以接受的方式展现了出来。

我和小路飞也朝着中心图书馆走去，我们向遇到的人礼貌地打招呼，还和他们交谈，他们都非常诚恳热诚，也并不在意我们的言语和穿着。那些到此已久的人告诉我，这是一个神奇的滋养人类灵魂的世界，在这里他们不用考虑生存问题，只要饮用那晶莹湖泊中的生命之水就不需要饮食，他们可以把全部的时间和精力都用来阅读这浩如烟海的书籍，而这就为他们提供了全部的动力和幸福。

这里有来自世界各地的学者，他们皓首穷经，有人白发苍髯独自钻研，也有些三五聚集大声讨论，他们优秀的品格以及高尚的灵魂构成了这个世界和谐运行的根基。我和小路飞也好奇地朝着那些书籍走去，走到了最外围的书架，随手翻了起来，原来这些书籍的确分门别类地以人类可以理解的方式记载着宇宙中的一切，而且越往里层走知识的难度越会增加。我想直接走到图书馆的最内层，可很多人告诉我这样急功近利的做法毫无意义，他们曾经去过，里层图书的文字都已经发生了变化，如果不一层层地深入没有人可以看懂里层的内容。因而很多人在一点点地积累，试图最终达到理想的"中心"。我翻阅的这本是古生物卷，里面详细记录了古代生物的情况，尤其是恐龙那一章，小路飞对其颇有兴趣，便仔细阅读起来。就像来到这里的所有人一样，真正进来了就再不想出去。也许在这里能够拥有极长的寿命，能够极大地延长他们的工作时间，使他们有足够的时间痴迷于其中。有一些来这里已久的人告诉我，他们曾经见过有人的确一直学到了中心点，并在中心光柱处最终飞向了天空并消失不见，然而他们并没有把这样的人称为"神"，相反他们把那些极个别的幸运儿称为真正的人，传说他们去了一片天空之城，在那里他们和宇宙真正地结合在一起，并获得了一种永恒。

然而，这些故事如同史诗般被人传颂，他们已经成了这些孤独学者的偶像，有的人羡慕他们，当然也有人只是沉迷于这浩瀚书海中的一切，他们的乐趣并不在于其他，而是在于书中的内容本身，以及彼此之间喋喋不休的争论。

我和小路飞决定在这里停上一段时间，阅读里面的书籍。这里的书籍没有作者，是天空中的宇宙之光按照人类可以理解的方式将宇宙的秘密自然地展示出来，是这个神奇的宇宙对人类的恩赐，这种恩赐如同其赋予人类生命本身一样伟大。这些书籍引人入胜的地方不在于使用语言的技巧而在于其揭示的内容本身，它在很大程度上唤起了我的回忆，唤起了曾经拥有的那种和宇宙自身相统一的感觉，于是不知不觉间我们在此停留许久。

时间在这里仿佛已经失去了意义，我们发现这里的"太阳"永恒地停留在天空中的固定区域，这里没有真正意义上的白天也没有真正意义上的黑夜，然而这里的人们乐此不疲，沉迷于这些书籍之中。略感疲惫，我就前往那个泛着蓝色荧光的湖泊，这里也有三三两两的人在散步，也有人用手捧起湖水饮用，这湖水不仅能够解渴还能够充饥。我停下来和一位学者聊天，这是一位面容和善的老者，一看就来自欧洲，他身材高大，深深的眼窝里嵌着一双深邃的蓝眼睛，对我很有礼貌。原来他来自古希腊，是从这个山洞世界的其他入口来的，已经在这里度过了漫长的岁月。他告诉我他是误入其中的，可一进来就再也不想走出去，因为他觉得这里所拥有的秘密让外界的一切都如同泡影。我试图了解他以前的生活，可发现他对此毫无兴趣，他最感兴趣的是数学，没过多久就把话题引到了数学之上。通过他的表情，我能感觉到他对数学的痴迷与热爱，他的研究领域仿佛就是他生命的一切，为此他可以忘记世间的情感、忘记自己的人生。就在此刻，除了内心的尊重之外，我仿佛感觉到一丝悲凉，人本来和宇宙是一起的，但从中分离出来之后就要经历如此折磨。宇宙本来极度冷漠，或者说这冷漠是包容一切的无须表达的沉默，可人在其中却不容选择地创造了诸如痛苦以及欢乐，毕竟人是有限的存在，即使在这个世界里人类的生命得到了延长，但总有一天终会走向死亡，以另一种形态重新回到宇宙之中。

那位学者走了，他回到了他在这座图书馆工作的位置，而我望着他的背影既有敬重之意也有颇多感慨。湖面波澜壮阔，景色之美如同来自外星文明，但我无暇停留，回头去找我的女儿，小路飞还在阅读关于恐龙的书籍。我让她停下来休息，但她不肯，于是我也继续阅读我所感兴趣的书籍。

时间不知不觉地流逝，不知道过了多久，我发现那湖水的水面在不断升高，水域的面积也在缓慢地增加。我跟女儿以及这里的其他人谈到此事，但这里的人仿佛都知道了这件事，可他们一点也不担心这湖水将淹没这里的一切。也许，他们认为为了得到这里的一切秘密，付出生命也是值得的，何况这湖水所造成的真正威胁还很遥远呢。他们的坚毅和虔诚让人感动，但我决定在湖水泛滥之前带小路飞离开这里。

我们都是有限的，问题是我们想冲破这有限的边界去寻找无限，寻找一切的真相。我的思维被囚禁在这有限的肉体之内，有一天这身躯和思维终将回到空无，但在这之前我需要尽力地寻找，寻找一切的价值和意义，寻找自己，哪怕这一切努力都将随着时光的流逝消失在遗忘的深渊。一切都存在，一切可能又都不存在，那无边的浩瀚能让一切都沦为虚幻，我怀念那曾经的统一的感觉，而现在又不得不回到人类的视角，这不可逾越的矛盾困扰着我，使我无心在此久留。我们向其他人询问这个世界的出口，从那些含混不清的答案中得知，这座湖原来有个源头，在湖水另一侧的高山之上。山石之间有一汪泉水，曲折错落，沿山势下行越聚越多，最终流入湖泊。那水的源头处多有神奇的现象发生，比如有人曾看见过奇怪的色彩和光芒笼罩在源头处，也有人在此看见过海市蜃楼般的景象。我和小路飞决定去寻找泉水的源头，也许源头就是这个世界的出口，无论如何得一探究竟。

这个世界最好的地方就是根本不用担心吃喝的问题，这湖水本身就提供了生命所需的一切。小路飞和我沿着湖畔前行，朝着湖水另一侧的远山走去。经过了很长时间，虽然没有日夜，但我们感到这段路程大概耗费了我们七八天的时间。旅途悠闲自在，十分惬意。在湖水的源头处，我们终于看到了另外一番风景，山势不算险恶，溪流宛转其间。

我和小路飞站在山脚，仰望潺潺溪水，不禁相视而笑，因为我们的溯溪马上要开始了，溯溪可是我户外领队过程中最热爱的活动。我曾在皖南地区带队过多次溯溪活动，此时此刻真是倍感亲切。我和小路飞屏住了呼吸，仿佛一场比赛即将开始，彼此心照不宣，突然两个人都像离弦的箭一样向溪水中的岩石跑去。我和她之间的一场比赛开始了，两人哈哈大笑，笑声在山间回荡，这可能是这段奇妙的经历开始以来最放松也是最开心的时刻了。溪水一直很缓，虽有几处瀑布但落差不大，可以轻易地沿着溪边的岩石爬行而上。当疲惫再次涌来，我们在一个稍微宽阔一点的岩石上坐下来休息，今晚将枕着潺潺的溪水声入睡。我们躺下来仰望这奇怪的星空，不知道它是什么，也不知道它代表什么，它是电影《楚门的世界》里的摄影棚吗？想着想着就渐渐地入睡了。

当小路飞把我唤醒的时候，已经过了许久，这时我才感觉到没有白天和黑夜的世界是多么让人难以忍受。无论如何都必须离开这里，我们继续溯溪前行，遇到危险的地方就互相帮助，虽然一路艰辛但终归还算顺利，终于到达了溪水的源头。源头处是巨石间的一个深水潭，湖面呈现出不断变化的颜色，这颜色肯定是源头处发出的光芒引起的，我们必须得潜到这水底的源头处，才能接近它所暗藏的秘密。

当然这样做会面临巨大的危险，我和小路飞商定，在遇到危险的时候给彼此一个手势，然后就集中精力把也许仅存的能够超越时空的能力使用出来，最大限度地向着未来的方向跨越时空，无论将前往何处。最终确定后，我和小路飞深吸一口气，手拉着手从潭水边的巨石上跳入水中，入水后便朝着水底使劲地游去。过了几秒就能看到出水口处闪着的光芒，这光芒炫目多彩，似乎是这个世界最为神奇也最为明亮的地方。它很像一道时空之门，我们不知不觉地向其靠近。原以为这泉水喷薄而出的地方会对我们产生排斥的力量，可当我们越是向其靠近就越能感到它吸引的力量。当我们察觉到这股吸引力时为时已晚，而且我们已经无暇实行曾经商定好的计策，根本没有能力对抗如此巨大的吸引力。它就像是闪着光芒的时空之门，我和小路飞不由自主地向着那道光芒飞去，一阵无法形容的巨大心理恐慌之后，瞬间归于安静。

当我回过神来，发现自己已经身处一片白色的光芒之中，原来这里是手触苍穹脚踏虚空的天空之城。这里空旷无比，远方有隐约的七彩光芒和亭台楼阁。此时小路飞也已经清醒过来，她从距离我几米的位置跑过来拉住我的双手，经过这么多奇遇她早已经见怪不怪。她挽着我的双手，希望我能带她一起去了解了解这个神奇的世界。

我们便朝着那些建筑走去，行走在天空之城要比在地面上轻松很多，特别是当适应以后仿佛飞行一般，很快就到达了那些建筑的地方。这里的建筑样式千奇百怪，没有任何两个建筑是完全一样的，唯一的共性是每个建筑都有不同于其他建筑的个性。我们到达了这里的街道，原来这座天空之城也有很多居民，这里的人看上去既熟悉又陌生，他们穿着不同时代不同地域的服饰，留着千奇百怪的发型，原来他们来自全人类的全部历史和全部文化。我兴奋至极，原来那些人类史上最伟大的人物竟然汇聚于此。

我们放慢脚步，想把这里的一切都看清楚，不忍丢下任何一个细节。这时前方闪过一个结实健壮的身影，感觉如此熟悉。对了，没错！就是那个在雅典见过的苏格拉底。小路飞高兴极了，她赶忙跑过去喊道："苏格拉底先生！"这次那个曾经对我们露出神秘微笑的苏格拉底终于跟我们说话了，甚至还邀请我们去他的家里做客。我们欣然答应，苏格拉底告诉我们他曾经在阿伽松的宴会上见到过我们的身影，知道我们是来自未来的人，因为他自己在某种状态下是能够接近我们曾经切身体验过的统一的。而今在这里相遇也就不足为奇。他还给我们讲述天空之城的情况，原来一些伟大的人物因为都曾或多或少地接触过那种最神秘的统一，所以有机会来到这天空之城，但到这里必须要亲手搭建自己的房子，这也就是这里没有任何两座建筑是完全一样的原因。表面上这是他们搭建的房子，但其实是连接不同世界的通道，生活在这天空之城只不过是取得最高等公民权的一个方式，这里无疑是崇高、宁静甚至是神圣的，但却不是枯燥、单调与乏味的。因为他们找到了连接天地的锁链，找到了天空和大地之间的桥梁，这里的生活是那个统一的一种表述。苏格拉底还告诉我们，这里有白天和黑夜，白天他允许我们进入他的庭院，而到了晚上我们必须离开，而且这是这座天空之城大家都遵守的一条规定。所以到了晚上我们要自己想办法，寻找过夜的地方。

我问苏格拉底，这里都住着谁，有没有达·芬奇、爱因斯坦、老子、尼采和释迦牟尼，他告诉我当然有，我们曾经寻找的老子和释迦牟尼都在这里，而且他们的房子或者说是庭院都建得复杂而宏大。这里不是亡灵的国度，更不是逝者的天堂，这里的人同样会有死亡，同样会消失在彻底的虚无之中。但这里的人却因为恩赐的寿命，能够达到自我、达到永恒，在这里他们终将达到永恒与死亡的统一。在这里生活的人，可以自由地穿行于宇宙的各个角落，他们能够超越时空更加接近宇宙的真相和自我。事实上，这里并不神秘，任何宇宙里生活着的智慧生命都可以来到这里，只不过很多人没有足够的资粮能够在此取得永久的公民权。事实上，偶尔漂流至此但无家可归的人都曾在释迦牟尼、老子的屋檐下挨过漫长的黑夜，但又不得不最终离开。而像达·芬奇、尼采、爱因斯坦等等众人无论来自地球上的哪个时代都终将至此。这里镶嵌着一种永恒，这是这座城提供的永恒也是他们自己创造的永恒，这座城是所有人都向往的地方，也是全部智慧生命都膜拜的地方。就是这里最普通的人也和这样的神圣联系在了一起，他们朴实、真诚、平凡而伟大。苏格拉底与我和小路飞之间又做了一番长谈，后来他说他需要去其他的世界短期旅行，告诉我们可以随便参观他的庭院甚至住处，但是必须在天黑之前离开。

但我和小路飞决定暂时告别苏格拉底，并对他的教诲深表感谢，决定前往爱因斯坦和尼采的房子参观一下。告别苏格拉底，重返天空之城的街道，四处打听，希望天黑以前能够抵达爱因斯坦的住址，至于天黑了怎么办已经无心顾及。街道遇到的所有人都是非常优秀而真诚的人，我们路过了释迦牟尼和老子的庭院，很多人聚集在他们的庭院周围，但我们没有时间过去看个究竟。小路飞和我都觉得爱因斯坦曾经洞悉了时空的秘密，说不定可以在他那里获得帮助。这座天空之城的中央也有一座山，但这座山也是悬空的，山体透明，其上也建有亭台楼阁。这里的人们几乎彼此都认识，何况是人类历史上鼎鼎大名的爱因斯坦先生呢，所以很容易就打听到了爱因斯坦的住处。他建的房子就在这座山的山腰处，一看就是视野极佳的地方。我和小路飞沿着悬空的石台阶一路上行，不久就来到了爱因斯坦的院子。

爱因斯坦先生听到了我们的叩门声前来开门，当院门打开的那一刻我异常激动。这位物理学界的巨擘可曾是我心中最崇拜的偶像啊！如今他真切地出现在了我的面前，头发灰白蓬松，手里还抓着他那大大的油光发亮的烟斗，脸上皱纹堆垒但极显智慧和慈祥。不用自我介绍他仿佛就已经知道我们的来意，他热诚地邀请我和女儿做客。我们围坐在爱因斯坦庭院里一棵苹果树下的餐桌旁，寒暄几句，爱因斯坦就聊起了物理,他告诉我在天空之城他终于完成了量子力学和相对论的统一,已经建立了关于整个宇宙自然层面的完备理论,我真是为他感到高兴,于是也跟他说起了我和女儿经历的所有这些奇遇,凭借我最深刻的回忆向他讲述了我曾经和整个宇宙融为一体的统一的感觉。爱因斯坦先生冲我不住地点头,仿佛我的经历是对其理论的一种验证一样。能看出来爱因斯坦对他的这套理论甚是满意。爱因斯坦跟我说,这套理论虽然解释了自然宇宙,但这只是属于弱小的人类的理论,对于宇宙的全部内容来说还远远不够。天空之城的上方也有乌云,人类也许必须在未知和无限的笼罩下才能很好地生活,在某种意义上说全知是一种悲哀,也许只有上帝才能够抵御全知所带来的孤独和苦痛,也许凡是以肉身存在的都不能。说到这里他回到房间里拿出水果款待我和小路飞,还拿出了他最爱的那把小提琴,让我们一边吃水果一边听他的演奏。他说,音乐就是一种无限,我们得生活在音乐和一切美好的艺术之中。这天空之城连接着你们的大地,连接着你曾跨过的湖泊和山峦,天空之城的居民不是神仙,他们最大的不同就是能够随心所欲地穿越不同的世界并定居于此,并在这里获得真谛。

  我突然想起一件事来,赶忙问爱因斯坦先生:这里的黑夜是什么样子的?为什么苏格拉底告诉我们天空之城的居民没有人会接受游客过夜,这是这里不成文的规矩吗?爱因斯坦先生告诉我们,这的确是真的,因为在天空之城每个人都得为自己建设一个住所,夜幕降临每个人都将接受无形无声的检验,只有那些独立的灵魂才能够配得上天空之城居民的身份。这时我将视线转向了远处天空,晚霞已经开始装点起天空,金红的太阳正在缓缓地迫近地平线。我的脸色略显焦虑,爱因斯坦先生看到我的表情以后反而冲我暗笑。我不解地问爱因斯坦:先生在我为难之时不思指点于我为何冲我发笑?他收住了笑容,脸上又露出了慈祥之色,他跟我说:"我是在我的理论中看到了自己和宇宙的统一,而这一切已经被你经历,事实上所有的一切是统一的又同时是分散的,见到一就见到一切,见到一切就会见到一。"

  随后,他带着我们走入了他的那栋别墅,当门打开时我们见到的是一座古老的图书馆,这便是爱因斯坦的客厅,欧式家具让我觉得仿佛回到了19世纪的欧洲。光线穿过玻璃窗,仿佛带有时光的味道,也许那张古老的书桌就是爱因斯坦大统一理论诞生的地方。但爱因斯坦先生并没有带我参观他的图书馆,而是来到客厅中央的一个巨大的地球仪旁,他按动开关,这个地球仪立刻发生变化,外壳褪去呈现在眼前的俨然是时空之门的入口。爱因斯坦说:"这是我制作的时空虫洞,它不仅能够帮你穿越时空还能够带你到达更为神奇的世界，宇宙间高等文明创造的精神世界。暮色降临之前，你和你女儿可以通过它离开。"我感谢至极，利用黑夜前的短暂时间，我又和爱因斯坦先生聊起了他的那套理论，想把它牢牢掌握于心，然后验证我所见过的一切，可一时间谈何容易，我只知道这一切都曾是显而易见的，但对于那个渐渐归于普通人的我来说已经变得十分困难。小路飞也是一头雾水，但她看出了我的心思，跟我说："爸爸，你不必为此烦恼，即使你带不走这套统一理论，但总会有学者能够发现这一理论的，只要我们知道这样一套理论的确存在就可以了。"

夕阳的边缘已经触及地平线了，留给我们的时间不多，不得不跟敬爱的爱因斯坦先生道别。他重启时光之门，我和小路飞经过这样一番旅行，早已疲惫，我们决定返回我们曾经存在过的那个宇宙，曾经存在过的那个银河系，曾经存在过的那个太阳系，那个温暖的家园。爱因斯坦先生制作的时光虫洞提供了巨大的能量，我和小路飞能够利用我们仅存的能力定位到我们的家园。临别时与爱因斯坦先生依依不舍，但我们不得不离开。也许有一天我们也能够凭借自己的力量在这天空之城找到位置，成为这里的公民，到时候就可以在这里以一种更高级的形态生活，这里是最接近于在我脑海里越来越模糊的但的确经历过的大统一的地方，同时这里也是最接近人本身的地方，也许只有在这里才能过上一种最为深刻和有价值的生活。

离别的时刻到了，我拉着女儿的手最后回望爱因斯坦先生，他正微笑看着我们，苍苍白发、朴素的穿着再加上他手中因摩挲发亮的烟斗，让他看上去是那样的和蔼慈祥。我们回过头来心中一起默念着曾经的海岛，向时光之门走去。

当睁开双眼，我们又出现在了那片熟悉的沙滩上，金色的沙滩、蔚蓝的大海正以一种温存的美感填补着埋藏于内心深处的对于家园无以言表的思念。当看到这眼前的一切时我和女儿相拥而泣。安静下来环顾四周，这座熟悉的小岛的确经历了什么，远处的树木被台风摧残得一片狼藉。我带着小路飞跑去曾经的露营地，但露营地什么也没有，只剩下雪狼他们未来得及带走的装备胡乱地躺在那里。

我和小路飞决定捡一些被台风折断的树枝，并在沙滩上燃起篝火，通过燃烧产生的浓烟发出求救信号。这里离大陆不远，肯定会有人看到我们的求救信号的。说干就干，当我和小路飞忙得满头大汗时，远处隐约传来了飞机的声音。我和小路飞几乎同时意识到了，都停下了手里的工作，相互凝视对方，迟疑了两秒钟后我们同时向山的另一侧望去。声音越来越近，直到飞机的螺旋桨从山的那边露出来。

就在我们看见他们的同时,直升机驾驶员也看到了我。直升机越来越近,直到飞机上的高音喇叭传来熟悉的声音——"路飞……路飞……"原来是雪狼,我激动地大喊大叫。雪狼的声音也十分激动:"路飞,稍等,我们马上下来救援!"

后来我知道他们已经连续搜寻一周了,他告诉我们当时台风过于猛烈,他们险些遇难,所以寻找我们的途中不得不折返。雪狼和记忆还多次问我这一周是怎么度过的,我不知道怎么回答,只是敷衍他们说我们找到了一个很小的洞穴,在那里躲过了一劫。事实上,我和小路飞的经历跟任何人都没提起过,这只是我们两人之间的秘密。

小路飞回到学校,她变得越来越坚毅与独立。一天傍晚,我独自倚靠在公园的长椅上,一边吸着烟一边在宁静中欣赏夕阳的美景,任由斑驳的回忆在脑海中胡乱涌现。我怀念那曾经的统一的感觉,那种彻底融入宇宙的感觉,但也真切地爱着这生活中的一切,时而困惑,时而释然,时而忧虑,时而倍感欣慰。这时,小路飞来到我身边,温柔地依偎在了我的怀里。她和我聊起了那段奇妙的旅程,最后她悄悄地告诉我,她很想把那段经历彻底回忆起来,很想像爱因斯坦那样找到宇宙统一的理论,想获得天空之城公民的身份,因为那样才算真正找到自己的人生。

我微微地笑了笑,她真的很让我欣慰,经历这么多,她仿佛成长了不少。每个人都是独立的个体,必须寻找自己的道路和意义。她明白只有自己才能为自己提供生命中最宝贵的东西,而且仿佛已经具有了这样做的勇气和力量,至少她的眼神中流露出了这样的信念。

我惬意地望着远方的晚霞,忽然间想起了曾经壮美而真实的天空之城。就在不经意的一瞬间,仿佛感觉到所有人都来到了天空之城,而全能的一切已知物和未知物的主宰把永恒和终极奥义恩赐给了每一个人……

后　记

　　《信息的演化》《信息与存在》《信息与理想》这三部著作就是我心灵的一段漫长旅途,行文至此这段旅途终于告一段落。你体会过一段旅途结束后的那种喜悦中所伴随的更深刻的孤独与迷茫吗？过去的那已经成为历史的所有辛勤和疲惫甚至些许的收获都是那样微不足道,我的内心也变得越来越清澈而平静。

　　"这是一个新的起点。"这是每次旅途结束后最真实的内心感受。这个主题虽然告一段落,但是后面还有一大堆问题尚未及述。我只是走到了一片广阔的空间面前,这里将有一座恢宏的大厦,它将由许多人的才智建造,并以非同一般的方式向宇宙深处展示它的魅力。

　　我是一个普普通通的行者,前方的道路还非常遥远,旅途还将继续下去！

致　　谢

再次感谢我的所有老师以及我的家人所给予的关怀与帮助,在此特别要感谢我的父亲,父爱如山,用我的一切都不能回报父母对子女的付出!

最后,本人水平有限,书中难免有错误及不足之处,敬请广大读者、同仁批评指正。

穆向阳

部分参考文献

[1] 王振林. 萨特的他者理论研究[J]. 陕西师范大学学报(哲学社会科学版),2016(3):19-25.

[2] 陈赟. 从思辨的历史哲学、批判或分析的历史哲学到文明论的历史哲学[J]. 同济大学学报(社会科学版),2018,8(29):69-79.

[3] 卡斯滕·哈里斯. 无限与视角[M]. 长沙:湖南科学技术出版社,2014.